浙江省"十四五"教改项目"基于'成长跟踪式'大学生职业生涯规划的教学改革与实践"（jg20220461）

浙江省高教学会课题"'课程思政'理念下大学生职业价值观塑造的路径探索"（KT2021113）

宁波市重点规划课题"'三融合四协同'大中小学生生涯规划实践研究"（CD22018）

阶段性成果

应用型高校融合式
职业生涯规划教育探索

方小芳◎著

ZHEJIANG UNIVERSITY PRESS
浙江大学出版社
·杭州·

图书在版编目（CIP）数据

应用型高校融合式职业生涯规划教育探索 / 方小芳
著. —— 杭州：浙江大学出版社，2023.5
ISBN 978-7-308-23832-8

Ⅰ. ①应… Ⅱ. ①方… Ⅲ. ①高等学校－职业选择－
教学研究－中国 Ⅳ. ①G647.38

中国国家版本馆CIP数据核字(2023)第093449号

应用型高校融合式职业生涯规划教育探索

YINGYONGXING GAOXIAO RONGHESHI ZHIYE SHENGYA GUIHUA JIAOYU TANSUO

方小芳　著

策划编辑	陈　翩
责任编辑	陈　翩
责任校对	丁沛岚
封面设计	雷建军
出版发行	浙江大学出版社
	（杭州市天目山路148号　　邮政编码　310007）
	（网址：http：//www.zjupress.com）
排　　版	杭州林智广告有限公司
印　　刷	浙江新华数码印务有限公司
开　　本	710mm×1000mm　1/16
印　　张	15
字　　数	210千
版 印 次	2023年5月第1版　2023年5月第1次印刷
书　　号	ISBN 978-7-308-23832-8
定　　价	78.00元

前 言

　　党的二十大报告提出，"教育、科技、人才是全面建设社会主义现代化国家的基础性、战略性支撑"，必须坚持"科技是第一生产力、人才是第一资源、创新是第一动力"。面对新形势、新要求，应用型高校要领会新思路，部署新举措，完成新答卷。当代大学生是国家建设和改革创新的生力军，青年有担当，国家有力量。应用型高校职业生涯规划教育立足于大学生全面发展和终身发展的价值定位，是连接高校就业创业工作的重要组成部分，有助于实现更加充分、更高质量的就业。

　　本书共分四章，第一章介绍职业生涯规划教育的核心概念与模型，第二章介绍应用型高校职业生涯规划教育的逻辑起点、运作机理与基本职能，第三章分析我国职业生涯规划教育的发展状况与趋势，第四章呈现了我国应用型高校融合式职业生涯规划教育的多维探索，最后的"展望"部分对全书内容进行了总结和提升。

　　本书的研究思路具有一定的新意：以"职业生涯规划教育"为载体，以"融合"为方法，以"育人"为目标。在案例选择上，本书聚焦具有应用型高校特点的大学生职业生涯规划教育方式，这有别于笼统式的路径介绍，使参照对象更有可比性，使研究主题更集中。

　　高校职业生涯规划教育要引导学生点燃心中的那盏灯，照耀前行之路，以实际行动向目标靠近。希望本书的研究能为我国应用型高校职业生涯规划教育和融合式教学机制的建设提供些许借鉴。

目　录

CHAPTER 1

第一章

职业生涯规划教育概述

第一节　职业生涯规划教育基础概念

一、生涯与职业生涯

在汉语中，"生涯"的本义是生命的广度。庄子云"吾生也有涯，而知也无涯"，让人对生涯的边际产生无尽遐想。陆游《秋思》云"身似庞翁不出家，一窗自了淡生涯"，使"生涯"一词多了几分雅致。在职业教育领域，"生涯"特指从事某种活动或职业的生活。

"生涯"的英文单词 career 来源于罗马文字 via carraria 及拉丁语 carrus，二者都指古战车。career 一词暗含面对未知困境、克服艰险的精神。在汉语文献中，career 通常被翻译为"职业生涯"，其内涵也见仁见智，国内外学者比较认可的是舒伯（Donald E. Super）的定义："它（职业生涯）是生活里各种事态的连续演进方向；它统合了人一生中依序发展的各种职业和生活的角色，由个人对工作的投入而流露出独特的自我发展形式；它也是人生自青春期以迄退休之后，一连串有酬或无酬职位的综合，除了职业之外，尚包括任何和工作有关的角色。"[①] 由此可见，生涯虽不能比拟生命的广延，但其内涵远比"职业""工作"等丰富。生涯具有方向性、时间性、空间性、独特性、现象性和主动性等 6 个特征，个体的生涯路线会沿着其认可的价值意义前行，纵贯职业道路而依序发展。生涯是对客观位置的主观觉知，只有个人主动追求、塑造的时候它才存在。正如"自天佑之，吉无不利"的寓意一般，个体的生涯价值很大程度上掌握在个体自己手中。每个个体都是独一无二的存在，因而必然衍生出具有个体差异的生涯内涵。

在中国传统观念中，职业领域的生涯概念有着明显的层次差异。古

---

① 金树人.生涯咨询与辅导 [M].北京：高等教育出版社，2007：1.

代社会强调等级秩序，底层人民很少有机会思考人生理想与价值，他们所考虑的生涯更多地指"生计""谋生方式"等。但是，在文人及士大夫的思维体系中，生涯有着全然不同的人生意义和价值取向。中国传统文化围绕着人的定位与价值思考而存在，其最高的价值定位通常被表述为立德、立功、立言的"三不朽"，这就给所有学子立下了"学而优则仕"的生涯方向。宋明时期，面对日益浮躁的青年学子，儒家重新强调立志的重要性，这里的"志"指职业定位，与我们今天所说的"职业锚"非常接近。所谓"士者之心为志"。

中国自古就有以文化为基础的职业价值探索，但是缺乏以分工为基础的职业价值探索。"君子不器"一直被视为能力的象征，这种职业身份的混合化取向，使得个体普遍追求功能泛化的角色。"天命"的思想，更是使个体的职业追求与道德追求高度融合，以至颂扬"知其不可为而为之"的道义精神。这种文人风骨与文化心理影响了诸多学子，成为他们职业生涯理念的一部分。

生涯作为一种现代理念，是伴随着西方工业革命的发展而逐步成熟的。工业的快速发展，使得大批农民离开田地，走进工厂。如同商品的批量化生产，大量的工人被标准化安置。其间对人性的漠视以及对个体尊严的剥夺，刺激了自我价值观念的崛起。随着心理测量运动的发展，对个体差异的衡量有了科学的、可操作的形式，职业分类与设置也更加注重人与人的不同以及人与岗位的匹配程度。20世纪70年代初，欧美发达国家率先提出了"教育必须与经济发展相适应"的主张，新的生涯教育哲学由此产生。它将生涯的概念统合在由幼儿园到大学的学习历程中，包括生涯认知、生涯探索、生涯定向和生涯准备等环节，强调使学生在获得谋生技能的同时，建立个人的生活形态。[①]

---

① 金树人.生涯咨询与辅导[M].北京：高等教育出版社，2007：13.

　　个人权利意识的萌芽，对职业和生活独特性的追求，在心理层面是自我概念成长的表现。反观职业生涯发展的历史，最基本的动因便是人类的诉求，成熟合理的诉求以自我概念的成长为前提。对个体来说，自我概念更是贯穿其职业生涯发展历程中诸多环节的主线。张春兴认为，自我概念是对自我的认知合集，指个体对自己多方面知觉的总和。它包括个体对自己的性格、能力、兴趣、欲望的了解，个体与他人、与环境的关系，个体所拥有的处理事务的经验，以及个体对生活目标的认识与评价等。[①] 如今，职业生涯规划教育的理念已不是简单的人岗匹配，更非"一个萝卜一个坑"的人岗组合，而是融入了个体自我概念发展、多重角色平衡的发展进程。正如舒伯指出的，职业选择的历程即自我概念实践的历程。

　　现代社会的职业生涯规划，在我国还属于比较新的概念，比如在高校，很多学生和老师对其没有足够的认识和重视，认为职业选择是大学毕业之后才需要考虑的。提高人们对职业生涯规划的重视程度，首先要做好概念澄清与传播，将职业生涯规划和制作简历、找工作等基本操作区别开来。舒伯建立的生涯彩虹图在职业生涯规划教育领域得到普遍认可。他强调，从横向看，生涯的大周期是横跨一生的生活广度，包括不同角色从成长、建立到成熟、衰退的不同阶段，因而有着不同的发展任务；从纵向看，生涯包括个体生活中的不同生命角色，如儿童、学生、工作者、家长等，他们组成了纵向的生活空间。[②] 由此可见，职业生涯规划教育不仅是为了让每个学生在毕业的时候能够找到工作，更重要的是，它强调无论市场如何变动，无论生活环境如何变化，个体都能够积极地定位自我、应对挑战。简单来说，职业生涯规划教育能使个体成为充满职业成就感和职业幸福感，实现自我价值并且热爱生活的社会成员。当

---

① 张春兴.张氏心理学辞典 [M].台北：东华书局，1989：586.

② 金树人.生涯咨询与辅导 [M].北京：高等教育出版社，2007：75—80.

代中国的高等教育以马克思主义人学思想为育人的指导方向，强调个人与社会关系的统一，个人必须通过社会实践才能实现自我价值。而个人又是社会关系和社会活动的承担者，全体人类的自由与全面发展，以每个人的自由与全面发展为实现前提。"个人的自由而全面的发展，在马克思看来，是未来共产主义社会的基本原则和理想目标。……既是未来社会发展生产力的根本途径，又是社会发展的趋向和目标，也是科学人道主义的实质和核心。"[①] 个体的职业生涯演进路线，以社会活动为现实，以社会关系为纽带，以社会实践为实现途径，是个体社会角色和社会劳动的多样性呈现。职业生涯规划教育的路径，即帮助学生在清晰、真实地认识自我的前提下，构建自我概念、发掘自我潜能、形成个体化的综合职业素质、建立合适的社会关系、选择与塑造适宜的社会工作角色，最后在社会实践中实现自我价值与社会价值的统一。

二、生涯建构与生涯冲击

"建构"的英文单词为 tectonic，来源于希腊文，最初形式为希腊文的"泰克顿"（tekton，意为木匠或建造者）。随着社会的发展，工匠的地位提高，实现了由"tekton"到"architect"（建筑师）的身份转变。"tectonic"一词也可以作为动词，强调建造的过程，注重技术、结构、材料和表现形式等。建构主义认为："知识并非单独来自主体，也并非单独来自客体，而是在主客体之间的相互作用中建构而来的。"[②] 不同的人由于原有经验不同，对同一事物会有不同理解。将建构主义运用到学习领域是当代教育心理学的一场革命。建构主义学习理论被广泛运用于探究式学习、合作式学习中，是对认知主义学习理论的深化和拓展。建构主义学习理论认

---

① 韩庆祥.现实逻辑中的人[M].北京：北京师范大学出版社，2018：118–119.
② 让·皮亚杰.发生认识论原理[M].王宪钿，等译.北京：商务印书馆，1985：104.

为，学生应该成为知识建构的主体。这启发了"以学生为中心"的当代教学理念。

生涯建构本质上是个体与环境的互动过程以及相互调适的过程。个体职业发展的实质就是追求主观自我与外在客观世界相互适应的动态建构过程，不同的人所建构的内容和结果往往是不一样的。由此，培养学生的生涯建构能力是高校职业生涯规划教育的题中应有之义。

生涯冲击（career shock），指外部因素所引发、个体无法控制、具有破坏性的偶然事件解构与重塑个体生涯轨迹的过程。生涯冲击包含事件（event）与初始化意义建构（initial sensemaking）两大要素。它表明外部重大事件对个体生涯发展路径所隐含的冲击，必须经由个体感知与意义建构两大中介要素，才能对个体产生实质性影响。[①] 传统的职业生涯规划强调目标的确定性，而 21 世纪初的职业发展混沌理论整合了职业生涯规划和偶然事件，提出了职业发展的新模式——局部的随机与整体模式的稳定。当今社会，新的职业、新的工种不断涌现，新的冲击随时出现；同时，数字经济正在成为重组全球要素资源、重塑全球经济结构、改变全球竞争格局的关键力量。随着经济业态的转变，用工方式也更加多元化，这既为个体的职业生涯带来机遇，也增加了个体职业生涯的不可预测性。

生涯冲击可分为积极的生涯冲击和消极的生涯冲击。两者之间并非完全对立，而是可以互相转换的。例如，教师的职称评审要求在顶级期刊发表论文，对此，"积极撰写文章，争取在顶级期刊发表论文"是一种积极的生涯冲击，"经过长时间审稿后，收到期刊的退稿信"是一种消极的生涯冲击。再如，某所学校由于改革发展的需要，规定 45 岁以下的教师在 5 年之内获得研究生学历或者硕士学位。面对这一"事件"，部分教

---

① Seibert S E, Kraimer M L, Holtom B C, et al. Even the Best Laid Plans Sometimes Go Askew: Career Self-Management Processes, Career Shocks, and the Decision to Pursue Graduate Education [J]. Journal of Applied Psychology, 2013, 98（1）: 169–182.

师开始积极准备，挤出时间学习，考上了研究生或者完成了硕士学位的进修，这里呈现的就是积极的生涯冲击；部分教师抱怨不断，迟迟不采取行动，同时也不能很好地投入当下的工作，这里呈现的就是消极的生涯冲击。高校大学生也会面临生涯冲击，如当前越来越多的学生选择考研，2022年全国考研人数为457万人，录取人数为110.7万人，录取率只有24.22%。未能成功"上岸"的学生中，有一部分人一心考研，未做好就业准备。如何重构自己的职业生涯，是摆在他们面前的现实问题。

三、融合式职业生涯规划教育

教育的目的，在本质上是促进人的全面发展，使之成长为健全的、大写的人。人的发展不能只着眼于向外求，其根本的生长力存在于生命内在，所以教育有着唤醒的责任。学科式教学，是近代分科的产物，有其合理性，但这样一种分割违背了个体成长的规律。人是完整的人，应该有着完善的人格和健全的心灵。

教育是在一定的社会背景下发生的、旨在推动个体的社会化和个性化的实践活动，这里包含了两个基本的发展任务，一个是个体的社会化，另一个是社会的个体化。就前者而言，让学生成为对社会和国家有用的人才，首先要让其成为能够适应社会的人。就后者而言，个体化不是简单意义上的个人自己决定自己命运，而是强调不同时代境遇下的个人自主性；个体化需要相关的文化基础和制度保障。[①]

高等教育有着人类文明传承与创新的伟大使命，它要与市场接轨却不可迷失于市场之中，在育人工作上不能沦落为"技能培训中心"，在教育执行的过程中需要时刻渗透"大学之道"的价值引领。高校在强调德智体美劳全面发展的同时，需要重新审视的是，基于中国文化的整体性观

---

① 蔡斯敏.社会个体化时代趋向下人的主体性及其实现路向[J].广西社会科学，2019（3）：90-95.

念及其"天地人"三才的人生哲学定位，大学教育应该是专业学习与人格养成的统一。

应用型高校主要以应用技术类型为办学定位，致力于服务地方经济，带动周边发展。因此，它的应用导向性比普通高校更加明显，在教育教学过程中需要注重与行业的接轨，要以学生的身心全面发展为基础，以学生的职业化成长路径为方向，培养人格健全、社会责任感强、职业定位合理明确的专业化、应用型人才。

融合式职业生涯规划教育致力于实现生涯教育系统效益最大化，在基础内容上围绕自我概念和工作世界两大主题；其最大的优势在于以学生职业生涯发展为中心，对多种教育资源和社会资源进行有效整合。当前，高校的专业教育和企业需求存在结构性失调，因此高等教育需要保持开放性，保证学校和企业的互通、互促。同时，高校的课程模块割裂严重，各学科的教师沟通较少，以至于学科之间的联系断裂。学生看不到学科之间的逻辑关联，更看不到书本知识与生活经验的联系。因而，学习成了无趣的、不得不面对的任务。在大学教育中，可以把老师的教学活动比作工匠提供砖瓦材料，同样一个班级的学生，有的可以用这些材料建成高楼大厦，有的却只能勉强搭起茅草屋。其中的关键在于，学生心中要有一张合适的"建筑图纸"，这就是个体生涯认知呈现。融合式职业生涯规划教育应立足于生涯内涵，保证终身学习理念的落地，持续提升学生的核心竞争力。

第二节 职业生涯规划教育核心概念

一、认知基础：生涯意识与生涯测评

职业生涯规划的第一个阶段是"觉知与承诺"。在进行职业生涯规划之前，个体需要充分认识到职业生涯规划的重要性，保持主动性与开放性，并从认知层面和情感层面作出真实而肯定的生涯承诺。这是生涯意识的萌芽，也是生涯发展的开端，其中最关键的是认识自我。觉察是一切改变的开始，在生涯启蒙教育的过程中，我们特别需要留心"觉察"与"告知"的区别。反观个体教育的整个历程，从幼儿园开始到大学毕业，身边的家长、老师等都会不停地强调学习的重要性，但是这样的说教效果可想而知。教育者常常会困惑：为什么我们不断地提醒、持续地教导，却没有丝毫效果？因为这种说教只是单纯的"告知"，只是外在信息与观念的传递，难以激发个体的主动性。或许直到某一天，当青年学生意识到自己的学生身份，领悟到只有好好学习才能掌握未来生活的主动权、拥有更广阔的发展空间，感受到社会贡献与成就给自己带来的欣喜和满足感时，他才能真正地变成一个主动学习者。

生涯实现的过程，本应是个体实现自我价值和获得幸福感的过程，如果说生活是一部漫长的电影，我们自己就是这部电影的编剧和导演。这里的前提是个体有充分的自我意识和生涯意识。生涯咨询中的测评工具主要是一些和自我认知及职业发展相关的心理学测评工具，它们可以作为职业选择的依据，但仍需强调的是，生涯实现的关键是促进自我认知和觉察，拓宽自我的内涵和边界，增加生涯空间的诸多可能性。自我特质的了解是一个向内看的过程，只有看清了"我"是谁，才能找到最适合"我"的方向。在心理学中，"我"被分成了"理想我""主体我"和"客

体我"。"理想我"是我们每个人心目中的理想形态，是个体对自己的理想期待，他（她）可能符合现实也可能与真实的自我相去甚远。合适的"理想我"可以成为个体生涯前进的动力，促进其一步步从现实形态靠近理想自我。"主体我"是个体的自我觉察、主观性的自我认知，然而其与现实状况可能相差很大。比如，我们在校园里可以看到很多能力很强但自我评价偏低的学生，也可以看到各方面表现平平但极度自信的学生，还会看到许多对自我职业兴趣和人格特质等存在认知偏差的学生。没有看见"我"或是看见了偏差的"我"，都可能导致一个人的职业生涯不尽如人意。"客体我"又被称为"镜像我"，如同照镜子时看见的自我，表示从外界他人反馈而来的自我形象，如有人自认为外向乐观，周围人对其的评价却是内向少言。后现代主义认为，我们咨询所得或测评所得的自我也并非客观的自我，一个人对某种自我概念的认同程度才是这个"自我"实现的前提。这里必须注意的是，要区别语义概念上的自我认同与真实的自我认同，要唤醒个体的真实体验而不单纯是语义告知与认知调整。

　　如上文所述，为了避免学生的自我觉察与认知只停留在语义层面，现在普遍推广的是职业生涯课程的体验式教学，其增加了很多需要学生主动参与的探索活动。这些探索活动与各种生涯测评工具相互配合，从课堂活动的内容来看，它们多是围绕测评内容而设计的，或者说它们是测评工具具象化、体验化的表现。现在常用的测评工具主要是语义自评一类的测验，其优点是表述清楚、施测简单，可以在较大范围内进行标准化测验；缺点是个体的认知与回忆往往在真实性上有所损失，同时量表设计时取样的代表性也会导致不同群体的反馈存在差异。在教学过程中，有经验的老师会通过认知测评、活动体验、交流反馈等多种途径，加深学生的感受，从而有效提升觉察的真实性。认知信息加工理论认为，自我知识如果只是一堆语义言辞的堆砌，它所形成的自我理解必然是一知半解的。因此，测评环节中的结果解释非常重要。在生涯测评中，更多的是类别差异而没有所谓的好坏高低，切忌按照社会流行标准对被测者进行优劣划分。此外，需要特别注意的是结果解释的"个人参照"标准。通常，心理测量学会选择"常模参照"或"标准参照"。测验题目本身是对个体经验的取样，比起这些题目的作答情况，个体的经验往往有着更重要的参考价值。只有当抽象的概念与具体经验相结合，唤醒个体内心的共鸣，测评结果才能真正在受测者心中激活具体的意象，达到自我觉察的效果。

二、动力基础：职业兴趣与职业价值观

自我概念是生涯实现的基础，它表示一个人对自己各方面认知的集合。具体来说，与职业相关的自我概念内容主要有兴趣、性格特征、能力、需要和价值观等，它们构成了职业生涯规划教育的核心概念体系。其中，职业兴趣和职业价值观则分别是生涯发展的直接动力和长远间接动力。"兴趣"是价值观的初级形式，表现为个体对事物的一种认知倾向，伴随着积极的情绪体验，因而对个体的认知和行为活动都有着巨大的推动力。人类文明史上的闪耀群星，其精彩而伟大的职业生涯都离不开对自己事业的热爱与执着。从积极心理学理论来看，影响个体幸福感的五个主要因素之一是"心流"体验的获得。人们忘我地投入在所从事活动当中，忘记了时间的流逝，整个心境处于一种平静流动的状态，这是个体潜能发挥最好的时候，也是内心最充盈满足的状态。"心流"也成为职业状态的最高心境，从这个角度来说，职业生涯规划教育的目的是使更多的青年学子以后能够时常处于职业心流中。许多研究表明，兴趣和工作满意度、职业稳定性及职业成就感都存在显著相关性。

关于职业兴趣的研究虽然名目众多，目前应用最广泛的还是霍兰德（John Holland）的职业六角理论。该理论是特质因素论（trait-and-factor theory）中的经典理论，"特质"指通过心理测量等方式所呈现的个人心理特质；"因素"指胜任工作所需具备的基本特征。该理论认为：（1）每个个体都是独特的，这种独特性表现在兴趣、能力、态度、需要等人格特质上；（2）每一种职业和每一份工作也是独特的，其独特性表现在岗位所需能力和所提供的报酬等方面；（3）个人和职业的独特性都可以通过测评工具测量出来；（4）如果个人的特质和职业的特质相匹配，职业发展就会进入一个良性循环。霍兰德以此为理论基础，聚焦于生涯决策中的 3 个基本问题：第一，哪些个人特质和工作环境的特征，能够影响职业投入和职业成就感？第二，哪些个人特质和职业环境的特征，能够影响个体长期的工作稳定性和工作改变的程度？第三，解决个体生涯困惑的最有效方式是什么？围绕上述 3 个问题，霍兰德以美国的职业大环境为基础，将所有职业归纳为 6 类。依据"特质因素论"的基本假设，对应的职业人也可以分成 6 种类型，分别是：实用型（realistic type）、研究型（investigative type）、艺术型（artistic type）、社会型（social type）、企业型（enterprising type）、传统型（conventional type）。据此，我们不仅可以了解个体的单个职业兴趣偏好，还可以根据 6 种类型的相对位置了解类型之间的一致性或排斥性程度。通常，一个人的测验结果一致性程度越高，表明其内在兴趣的同质性越高。依据个体的测验结果，可以组合成不同的"霍兰德代码"。目前常用的是"三码组合"，它可以更精确地区分一致性程度。例如，会计的职业代码是 CRI，而 SAE 的代码和心理学、教育学等更加匹配。在目前的职业生涯规划课程中，教师除了采用霍兰德的职业六角理论进行兴趣测验，还会辅以兴趣探索练习、"兴趣岛"等体验式小活动，增加学生测评自我职业兴趣类型的准确性。

从心理驱动的角度来说，兴趣和价值观组合成了较完整的动力体系，兴趣通常表现出更明显、更直接的影响力，但是长期来看，价值观有着更持续的影响力。很多个体选择专业或职业的时候，开始是受兴趣爱好的影响，最终的持续性投入和成长却源于对职业价值和意义的坚持。如德国社会学家韦伯（Max Weber）在著名演讲《学术作为一种志业》中所表达的价值观就是一种典型的职业价值观。彭聃龄认为："价值观（values）是指主体按照客观事物对其自身及社会的意义或重要性进行评价和选择的原则、信念和标准。价值观是一个人思想意识的核心，对个人的思想和行为具有一定的导向和调节作用。"[①] 它指向个体一生最看重的东西，是行为背后的深层动机，影响我们在生活中方方面面的选择。职业价值观是价值观在职业方面的具体表现，与个体长远的职业追求有关。赫茨伯格（Fredrick Herzberg）认为，与职业相关的因素可以简单地分为保健因素和激励因素。保健因素和职业本身无关，主要涉及工作环境、同事关系和公司制度，这些条件的满足可以消除个体的不满意情绪，但是个体并不能从中获得职业满足感和价值感。激励因素则和职业本身相关，包括成就、赏识、发展机会和意义感等，体现的是内在价值，这些条件的满足会给个体带来有效的激励和巨大的动力。马斯洛（Abraham Maslow）认为，人的基本需求可以分为生理需求、安全需求、爱与归属需求、尊重需求和自我实现需求等5个层次。与之相应，个体职业也有5个层次的价值追求。其中，生理和安全需求反映了对工作稳定性和经济保障等方面的需要；爱与归属需求反映了情感交流、群体归属等方面的需要；尊重需求则与地位、声望等对应；自我实现需求反映了更深层的自我价值追求和创造性追求。马斯洛认为，只有当低层次的需求得到适当满足后，个体才会追求更高层次的需求，这也表明任何职业都应提供基本保障。在职业生涯规划课程和咨询中，职业价值观主要是围绕这5个方面进行更具体的划分。从认知心理学的视角来看，职业价值观是认知图式的一种，因此价值观澄清也是一个确立主观信念的过程，既随着认知图式的

---

① 彭聃龄.普通心理学[M].北京：北京师范大学出版社，2008：332.

建立而确立，也随着新图式的形成而调整。

三、人格基础：职业性格与职业态度

心理学认为，人格（personality）是构成一个人的思想、情感和行为的独特模式，这个独特的模式包含了个体区别于其他人的稳定而统一的心理品质。在结构上，人格包含气质和性格两部分。其中，气质差异多是先天形成的，并不能决定一个人的成就，所以在职业生涯规划课程和职业决策中很少被提及。性格则不同，它具有显著的社会属性，反映了个体对现实和周围世界的态度，并表现在其行为举止中。[①] 具体来说，性格主要体现在人们对自己、他人和事物的态度及言行上，职业性格和职业态度共同构成了个体的职业人格基础。态度是个体对自己、他人和对社会的一种心理倾向，往往能左右个体的行为方式。瑞士心理学家荣格（Carl Jung）依据人们的先天倾向性，最先提出了内—外向人格类型理论。此外，他认为人的心理活动包括感觉、直觉、思维和情感等4种机能。布里格斯（Katherine Briggs）和迈尔斯（Isabel Myers）在荣格的人格类型理论的基础上增加了感知—判断维度，形成了4个维度共16种人格组合，这就是目前的职业生涯规划课程和咨询中通用的迈尔斯–布里格斯类型指标（MBTI）。内—外倾向性主要指个体心理能量的倾向性，外倾者的心理能量主要指向外部世界，其需要通过与外部世界中人和事的互动来滋养心理获得动力。因此，一个外倾者的工作内容如果要求必须独处、安静，甚至长期坐冷板凳，其必然会产生强烈的心理损耗和冲突，加速职业倦怠感的产生。内倾者的心理能量指向内部世界，他的注意力和焦点都放在自己的内心世界，从思维、记忆和情感体会中获得生命活力。内倾者擅长独处和创造，喜欢安静的职业环境。如果要求内倾者每天和不同的人与事打交道，其会经常

---

① 彭聃龄.普通心理学 [M].北京：北京师范大学出版社，2008：440-441.

出现能量耗尽的感觉，生活状态正如网络图片"葛优躺"所展示的那样。

感觉—直觉维度定义了个体观察世界的方式，即"你如何获取信息"。感觉（sensing）型的人更喜欢收集实实在在的信息，他们的优势是感官敏锐，对客观事物观察入微，重视真实的世界；缺点是容易"只见树木不见森林"，缺乏宏观视角，看不到事物的全局。因此，他们更擅长具体、真实的工作内容，对于需要创造力和想象力的工作则常常显得力不从心。直觉（intuition）型的人富于想象力和创造力，喜欢观察整个事物的全貌，更加擅长通过超越感觉的方式来获取信息，关注事物之间的联系，更能看到事物发展的可能性。他们的缺点在于对具体细节容易"丢三落四"，在数据、资料的整理方面效率较低。

思考—情感维度定义了个体处理信息的方式。思考（thinking）型的人喜欢通过客观理性的逻辑判断来处理事情，他们可以更好地让自己从情境中抽离，理性分析对错以及事物的正反两面，对逻辑与观念的重视甚于对人际情感的重视，有时候可能显得不近人情。他们从分析问题与解决问题中获得活力。情感（feeling）型的人更喜欢对事物进行价值判断（尽管那不一定是符合逻辑的），能设身处地地理解他人的感受，重视和谐，讨厌冲突和争执。他们从对他人的赞赏和支持中获得活力，由于太富于同情心，他们有时会显得心肠太软。

判断—知觉维度描述了个体与外部世界互动的方式。判断（judging）型的人喜欢生活在秩序井然的环境中，按照确定好的日程安排工作，一件事情落实后再开始另一件，所以他们讨厌突发事件等打乱工作规划和生活节奏。知觉（perceiving）型的人则相反，他们喜欢灵活、随性的生活方式，期待遇见未知、体验未知，因此太详细的计划和预设好的日程对他们来说反倒是一种束缚。

通过MBTI测试，每个个体会得到一组由4个维度组合而成的人格类型代码，如INFJ、ESTP等，相应地代表了个体的心理能量来源、获取信息的方式、处理信息的方式以及与外部世界互动的方式，由内而外地描述了一个人的心理存在方式。实证经验表明，MBTI测试可以很好地预测个体性格与职业环境的匹配性。当工作内容与自己的性格相匹配时，个体更容易进入一种轻松、有活力的工作状态；而当二者冲突时，个体常常会感到能量耗竭、心力不足。在职业生涯咨询中，性格测试结果主要用来展现一个人适合什么样的职业环境，这里强调的是职业内在环境，如工作内容和工作职责所限定的心理环境。如果说性格是更加内显的心理特征，那么态度则更加外显和直接，我们往往可以通过个体的言语和行为直接推断他的态度表现。在工作环境中，态度也更直接地反映了一个人的趋避状况。态度会受到情境因素的短暂影响，也会受到认知因素的影响。因此，在职业生涯规划课程中通过性格测验来探索个体长期稳定的行为态度，是极为普遍的做法。

四、行为基础：职业能力与职业精神

能力是职业发展中首先关注的内容，经典的职业选拔往往单纯以筛选出高能力个体为目标。随着组织行为学的日益成熟以及人们对非智力因素的关注度增加，能力之外的因素对职业发展的影响也成为研究的重点。在职业生涯规划课程中，为了使个体发展的目标性更强，人们更多使用的是与能力相近的"技能"一词。在实际的招聘活动中，技能可以更具体地描述岗位需求，也可以更精确地匹配测量结果。而在心理学领域，能力和技能有着明显的划分。一般认为，能力是一种心理特征，是顺利完成某种事件的心理条件，表现在个体所从事的活动中，并在活动中得到发展。而技能是指个体通过练习获得的动作方式和动作系统，只有能够广泛应用和迁移的技能才能转化为能力。此外，能力不仅包含一个人

的现有水平（ability），也包含了一个人所具备的发展潜力（aptitude）①。无论是能力还是技能，在心理结构上都与智力因素紧密相关。传统的智商测验将个体智力量化为高低明显的分数，这不是职业生涯教育的初衷，更不利于学生的潜能开发。美国教育心理学家加德纳（Howard Gardner）提出了多元智力理论，认为人类至少有言语智力、数学逻辑智力、视觉空间智力、身体运动智力、人际智力、自我觉知智力和音乐智力等7种智力成分，但每个个体在这7种智力上的表现水平不尽相同，即每个人最擅长的东西都是不一样的。加德纳的理论可以理解为：不存在谁更聪明的问题，因此，需要关注的是不同的个体在哪个方面有更聪明的表现。该理论有助于落实因材施教理念，鼓励不同的个体发现自己的独特优势，发展自我潜能。在能力测评以及具体的活动表现中，一个非常重要的因素是自我效能感（self-efficacy），它表现为个体对自我能力的觉知，以及对自己在具体活动中的表现水平的评估。实践表明，在实际的工作当中，个体表现水平的决定因素往往是个体的自我效能感而非其实际能力。在教学中，教师对学生个性化发展的指导，可以有效提升其自我效能感，进而提升实际的学业表现和工作表现。洛夫奎斯特（Lloyd Lofquist）认为，职业的外在满意度主要可以通过衡量个人工作技能和岗位技能要求之间的匹配程度来进行评估，即提高个体的工作表现、增强个体技能的可迁移性，可以有效提高雇佣方满意度。梵（Sidney Fine）和鲍尔斯（Richard Bolles）将技能分为专业知识技能、自我管理技能和可迁移技能3种。专业知识技能的习得主要来自传统教育，指个体通过接受教育所掌握的专业知识内容等，主要表现为考试分数。因为结果易于量化以及学校的重视，专业知识技能成了个人自我评价经常涉及的模块，但是在职场中，公司更看重个人的自我管理技能和可迁移技能。自我管理技能在心理结

---

① 彭聃龄. 普通心理学 [M]. 北京：北京师范大学出版社，2008：404-405.

构中更贴近个性品质和人格特征，表现为个体在不同的情境中如何进行自我调整以适应环境。这种能力虽然具有一定的先天倾向性，但更离不开后天的练习，诸如共情、敏捷、耐心、责任心等个性品质，在后天的练习中会形成更明显的个体生涯优势。可迁移技能是个体最能持续运用和最能依靠的技能，如学习能力、管理技能等。可迁移技能最大的特点是不受项目或岗位的限制，适用于不同的工作内容和工作环境。借用一个形容个人品质的词"君子不器"来描述可迁移技能，即"技能不器"。

职业精神和职业活动紧密联系，是具有职业特征的操守和精神，是做好一份职业的觉知与承诺。高等教育所承载的职业精神与社会主义核心价值观关系紧密，职业能力回答了"能不能做"的问题，职业精神则回答了"愿不愿做"的问题。职业精神不同于普遍的社会实践精神，鲜明地反映了职业特有的精神和心理素质，不仅表现为职业付出，更体现了职业尊严和职业荣誉的特殊性。职业精神是支撑个体在职场前行的动力，帮助个体积极应对职业生涯的各种冲击。职业精神不是与生俱来的，而是按照"知、情、意、行"的循序运行规律培养产生的。职业精神具有集体意向能力，医护人员的"生命至上，救死扶伤"，消防救援人员的"忠诚可靠，赴汤蹈火"，都是对职业精神的生动诠释。职业精神是"爱岗、敬业、诚信、友善"社会主义核心价值观的具体体现，具有可迁移的特质。在学生的职业生涯发展中，技能的掌握是基础，职业精神则发挥着提供持续性动力的作用。从这个角度来说，高校构建职业技能和职业精神相融合的人才培养模式，正是我国培育"大国工匠"的关键环节。

第三节 职业生涯规划教育的指导模型

一、核心素养 5C 模型

如何培养面向未来的公民，是整个教育体系的核心问题。21 世纪以来，全球经济高速发展，教育理论的滞后性相对凸显。新时代的公民应该具备什么样的核心素养，成为各国实行教育改革首先要回答的问题。2017年，中国教育创新研究院与美国 21 世纪学习联盟、中国 21 世纪人才标准联盟等机构联合提出核心素养 5C 模型。它吸纳了相关学者最新的研究成果，立足于我国经济、社会、科技、教育等的发展需要，兼具西方教育理念和中国特色文化基础，是当前最权威的核心素养模型。它解决了 21 世纪中国教育该培养什么样的人这一重要且核心的问题。核心素养 5C 模型涵盖文化理解与传承（culture competency）、审辨思维（critical thinking）、创新（creativity）、沟通（communication）、合作（collaboration）等 5 个方面。[①]

建设文化强国，增强文化自信是实现中华民族伟大复兴的重要一环，是国家软实力建设的重要内容。青年人，尤其是受过高等教育的青年人将承担国家复兴的重要使命。因此，未来的高等教育不能局限于专业人才的培养，而要建立更大的教育格局。文化理解与传承，对于建设人力资源强国和文化强国具有深远持久的影响。"传承意谓传递和继承，文化传承即文化的传递和继承，是指人们将其在生活实践中所创造的物质和精神成果以及所形成的生活方式在代际进行传递和承接的过程。文化传承不仅是物化的文化产品和抽象的道德原则等的继承与传播，更是鲜活

---

① 21 世纪核心素养 5C 模型 [EB/OL].（2021–07–06）[2022–10–30].http://www.360doc.com/content/21/0706/06/69550966_985307065.shtml.

的思想和生命价值的流动、延续和更新。"① 从个体心理发展的角度来说，文化是形成自我意识的基础，是强大心性生长的沃土，同时是个体融入群体、实现良好社会化的桥梁。从教育的社会使命来看，以文育人、以文润心是培养优秀社会成员的重要内容。中华优秀传统文化对于一个人的品行、道德、审美和人格修养的提升，具有不可估量的化育作用。

随着经济竞争的加剧，审辨思维能力的重要性越来越突出，成为许多国际化组织对人才的基本要求。马利红等人认为，审辨思维包括质疑批判、分析论证、综合生成和反思评估 4 个方面，具体表现为不轻易接受结论并刨根究底的品格、强调基于证据的理性思考、在分析论证的基础上进行系统整合和重构进而形成新观点或新成果的过程、基于一定标准对思维过程和思维成果及行动进行监控反思和修正的过程。② 审辨思维能力是一种非专业化的可迁移能力，在创业和职业胜任力培训中，审辨思维能力是重要的教学内容和教育目标。审辨思维能力的提升，不仅可以促进学生更好地表达自己的观点，而且有利于学生反思自我、平衡决策，作出更合理的职业生涯规划和职业选择。

习近平总书记强调："创新是一个民族进步的灵魂，是一个国家兴旺发达的不竭动力，也是中华民族最深沉的民族禀赋。在激烈的国际竞争中，惟创新者进，惟创新者强，惟创新者胜。"③ 在教育理论的发展过程中，创新思维一直是教育的重点内容。尤其进入 21 世纪以来，人们越来越多地反思应试教育的弊端，尝试打破传统教学方法的僵局，"钱学森之问"也再次成为大众的关注焦点。根据《中国学生发展核心素养》总体框架，实践创新是学生的 6 项基本核心素养之一。它是学生在问题解决、

---

① 刘妍，马小英，刘坚，等 . 文化理解与传承素养：21 世纪核心素养 5C 模型之一 [J]. 华东师范大学学报（教育科学版），2020（2）：29-44.

② 马利红，魏锐，刘坚，等 . 审辨思维：21 世纪核心素养 5C 模型之二 [J]. 华东师范大学学报（教育科学版），2020（2）：45-56.

③ 习近平在欧美同学会成立 100 周年庆祝大会上的讲话 [EB/OL]. （2013-10-21）[2022-10-13].http：//www.gov.cn/ldhd/2013-10/21/content_2511441.htm.

适应挑战和日常生活等方面所形成的创新意识和实践表现。创造力和创新虽然常被一起使用，但它们在内涵上有一定的差异，其中创造力表现为产生前人未有的有价值的想法的能力，创新则是将这些想法付诸实践的过程。甘秋玲等人认为，以"创新素养"命名的新概念包含了创造力和创新两个部分，具有创新素养的个体，善于利用相关经验、知识和资源，创造新颖且有价值的观点、产品、方案等智力成果。创新素养在结构上包括创新人格、创新思维和创新实践 3 个部分。其中，创意人格侧重于情感和意志力等非智力因素；创新思维侧重于认知思维等智力过程；创新实践则是外显的行为实践，是一种知行合一、知情合一的综合素养。[①]

人类的社会属性，在本质上规定了沟通的重要性，经济的发展、文化的传承以及情感的交流，都离不开人际沟通。值得反思的是，不仅普通大众中很少有人能做到适切表达和有效沟通，很多专业知识丰富、智力过人的精英，在沟通方面也存在缺陷。良好的沟通可以提升效率、联络感情，实现双赢。无效的沟通则可能导致误解、敌对。从个体层面来说，沟通是维系良好人际关系、获得社会支持和保持身心健康的重要途径；从组织层面来说，沟通是创造组织文化、提高系统效率和促进组织发展的重要途径。在个体的职业发展中，只有善于沟通，才能更好地把握机会、协调资源，有效发挥自身潜能，同时促进组织发展。康翠萍等人认为，沟通素养包含语言能力、思维能力和社会情感能力，表现为深度理解、有效表达和同理心 3 个要求。[②]有效沟通的前提是深度理解，当然，良好的沟通还必须包含情绪上的深度共鸣。

在职业发展过程中，合作与沟通有着一体两面的紧密关系，沟通是合作的前提，合作是沟通的实现，完满的合作过程和结果又能促进更深入

[①] 甘秋玲，白新文，刘坚，等.创新素养：21 世纪核心素养 5C 模型之三 [J]. 华东师范大学学报（教育科学版），2020（2）：57-70.

[②] 康翠萍，徐冠兴，魏锐，等.沟通素养：21 世纪核心素养 5C 模型之四 [J]. 华东师范大学学报（教育科学版），2020（2）：71-82.

的沟通。合作不仅可以促进个体知识的迁移和技能的转化，使个体形成更完善的智力结构，而且有利于个体形成健全的人格和健康的心理。从社会目标的角度来看，良好的合作素养是团队走向成功的基本要素之一，团队成员之间的任务协调、冲突解决等能力，比一般的人格特征和社交技能更能预测团队成功的概率。人力资源课程教学中有一个经典的例子：一个全部由明星球员组成的临时团队往往比不过一个球员水平中等但团队协调能力很强的队伍。徐冠兴等人认为："合作素养是学生个体能够在认同小组或团队目标及核心价值观的基础上，积极主动承担分内职责，并本着互尊互助的原则，通过与团队其他成员间的平等协商，灵活地作出妥协、解决分歧或问题，实现共同目标，促进共同发展。"[①] 他们进而将合作素养具体化为愿景认同、责任分担、协商共进，这 3 个要素体现了合作素养"知情意"的统一，有效融合了尊重、平等、担当、协同等合作理念。

🔖 知识拓展

《中国学生发展核心素养》总体框架

中国学生发展核心素养，以科学性、时代性和民族性为基本原则，以培养"全面发展的人"为核心，分为文化基础、自主发展、社会参与三个方面。

综合表现为人文底蕴、科学精神、学会学习、健康生活、责任担当、实践创新六大素养，具体细化为国家认同等十八个基本要点。根据这一总体框架，可针对学生年龄特点进一步提出各学段学生的具体表现要求。

---

① 徐冠兴，魏锐，刘坚，等.合作素养：21世纪核心素养5C模型之五[J].华东师范大学学报（教育科学版），2020（2）：83-96.

基本内涵

（一）文化基础

文化是人存在的根和魂。文化基础，重在强调能习得人文、科学等各领域的知识和技能，掌握和运用人类优秀智慧成果，涵养内在精神，追求真善美的统一，发展成为有宽厚文化基础、有更高精神追求的人。

1. 人文底蕴。主要是学生在学习、理解、运用人文领域知识和技能等方面所形成的基本能力、情感态度和价值取向。具体包括人文积淀、人文情怀和审美情趣等基本要点。

2. 科学精神。主要是学生在学习、理解、运用科学知识和技能等方面所形成的价值标准、思维方式和行为表现。具体包括理性思维、批判质疑、勇于探究等基本要点。

（二）自主发展

自主性是人作为主体的根本属性。自主发展，重在强调能有效管理自己的学习和生活，认识和发现自我价值，发掘自身潜力，有效应对复杂多变的环境，成就出彩人生，发展成为有明确人生方向、有生活品质的人。

3. 学会学习。主要是学生在学习意识形成、学习方式方法选择、学习进程评估调控等方面的综合表现。具体包括乐学善学、勤于反思、信息意识等基本要点。

4. 健康生活。主要是学生在认识自我、发展身心、规划人生等方面的综合表现。具体包括珍爱生命、健全人格、自我管理等基本要点。

（三）社会参与

社会性是人的本质属性。社会参与，重在强调能处理好自我与社会的关系，养成现代公民所必须遵守和履行的道德准则和行为规范，增强社会责任感，提升创新精神和实践能力，促进个人价值实现，推动社会发展进步，发展成为有理想信念、敢于担当的人。

5. 责任担当。主要是学生在处理与社会、国家、国际等关系方面所形成的情感态度、价值取向和行为方式。具体包括社会责任、国家认同、国际理解等基本要点。

6. 实践创新。主要是学生在日常活动、问题解决、适应挑战等方面所形成的实践能力、创新意识和行为表现。具体包括劳动意识、问题解决、技术应用等基本要点。

主要表现

六大素养还具体细化为人文积淀、国家认同、批判质疑等 18 个要点，各要点也确定了重点关注的内涵。

（一）文化基础——人文底蕴

1. 人文积淀

重点是：具有古今中外人文领域基本知识和成果的积累；能理解和掌握人文思想中所蕴含的认识方法和实践方法等。

2. 人文情怀

重点是：具有以人为本的意识，尊重、维护人的尊严和价值；能关切人的生存、发展和幸福等。

3. 审美情趣

重点是：具有艺术知识、技能与方法的积累；能理解和尊重文化艺术的多样性，具有发现、感知、欣赏、评价美的意识和基本能力；具有健康的审美价值取向；具有艺术表达和创意表现的兴趣和意识，能在生活中拓展和升华美等。

（二）文化基础——科学精神

1. 理性思维

重点是：崇尚真知，能理解和掌握基本的科学原理和方法；尊重事实和证据，有实证意识和严谨的求知态度；逻辑清晰，能运用科学的思维方式认识事物、解决问题、指导行为等。

2. 批判质疑

重点是：具有问题意识；能独立思考、独立判断；思维缜密，能多角度、辩证地分析问题，做出选择和决定等。

3. 勇于探究

重点是：具有好奇心和想象力；能不畏困难，有坚持不懈的探索精神；能大胆尝试，积极寻求有效的问题解决方法等。

（三）自主发展——学会学习

1. 乐学善学

重点是：能正确认识和理解学习的价值，具有积极的学习态度和浓厚的学习兴趣；能养成良好的学习习惯，掌握适合自身的学习方法；能自主学习，具有终身学习的意识和能力等。

2. 勤于反思

重点是：具有对自己的学习状态进行审视的意识和习惯，善于总结经验；能够根据不同情境和自身实际，选择或调整学习策略和方法等。

3. 信息意识

重点是：能自觉、有效地获取、评估、鉴别、使用信息；具有数字化生存能力，主动适应"互联网 ＋"等社会信息化发展趋势；具有网络伦理道德与信息安全意识等。

（四）自主发展——健康生活

1. 珍爱生命

重点是：理解生命意义和人生价值；具有安全意识与自我保护能力；掌握适合自身的运动方法和技能，养成健康文明的行为习惯和生活方式等。

2. 健全人格

重点是：具有积极的心理品质，自信自爱，坚韧乐观；有自制力，能调节和管理自己的情绪，具有抗挫折能力等。

3. 自我管理

重点是：能正确认识与评估自我；依据自身个性和潜质选择适合的发展方向；合理分配和使用时间与精力；具有达成目标的持续行动力等。

（五）社会参与——责任担当

1. 社会责任

重点是：自尊自律，文明礼貌，诚信友善，宽和待人；孝亲敬长，有感恩之心；热心公益和志愿服务，敬业奉献，具有团队意识和互助精神；能主动作为，履职尽责，对自我和他人负责；能明辨是非，具有规则与法治意识，积极履行公民义务，理性行使公民权利；崇尚自由平等，能维护社会公平正义；热爱并尊重自然，具有绿色生活方式和可持续发展理念及行动等。

2. 国家认同

重点是：具有国家意识，了解国情历史，认同国民身份，能自觉捍卫国家主权、尊严和利益；具有文化自信，尊重中华民族的优秀文明成果，能传播弘扬中华优秀传统文化和社会主义先进文化；了解中国共产党的历史和光荣传统，具有热爱党、拥护党的意识和行动；理解、接受并自觉践行社会主义核心价值观，具有中国特色社会主义共同理想，有为实现中华民族伟大复兴中国梦而不懈奋斗的信念和行动。

3. 国际理解

重点是：具有全球意识和开放的心态，了解人类文明进程和世界发展动态；能尊重世界多元文化的多样性和差异性，积极参与跨文化交流；关注人类面临的全球性挑战，理解人类命运共同体的内涵与价值等。

（六）社会参与——实践创新

1. 劳动意识

重点是：尊重劳动，具有积极的劳动态度和良好的劳动习惯；具有动手操作能力，掌握一定的劳动技能；在主动参加的家务劳动、生产劳动、公益活动和社会实践中，具有改进和创新劳动方式、提高劳动效率的意识；具有通过诚实合法劳动创造成功生活的意识和行动等。

2. 问题解决

重点是：善于发现和提出问题，有解决问题的兴趣和热情；能依据特定情境和具体条件，选择制订合理的解决方案；具有在复杂环境中行动的能力等。

3. 技术运用

重点是：理解技术与人类文明的有机联系，具有学习掌握技术的兴趣和意愿；具有工程思维，能将创意和方案转化为有形物品或对已有物品进行改进与优化等。

二、职业胜任力模型

胜任力一词于 1973 年由美国心理学家麦克利兰（David McClelland）正式提出，是指可以将优秀员工和普通员工区别开的深层次个人特征。它可以是动机、特质、社会角色、自我概念、态度或价值观、某一领域的知识和技能等可以被具体测量的一系列特征。[①] 相比于智力，这一概念与工作绩效的关联更紧密，因而一经提出就在职业测评领域替代了智力测验的地位，也引起了很多心理学家和管理学者的关注。斯宾赛（Lyle M.

---

① McCllelland D C.Testing for competence rather than for "intelligence" [J].American Psychologist, 1973(28): 1–14.

Spencer）等人将胜任力分为基准性胜任力和鉴别性胜任力两大类。基准性胜任力指那种通过后天学习与培训可以很快获得的知识技能，是对员工的基本要求；鉴别性胜任力在短期内很难改变，包括个体的自我概念、社会角色、人格特质和动机结构等。由此，他们将胜任力划分为知识、技能、自我概念、特质和动机等 5 种。其中，知识主要指某领域的专业理论，技能表现为具体操作的行为能力，自我概念指个体的自我认知、态度和价值观等，特质指个体对情境或信息的行为和情绪反应差异，动机是人们持续参与某一事项的行为动力。他们结合冰山模型，将 5 种胜任力分为 2 类：漂浮在水面、容易测量的知识和技能；藏在水下、较难看见的自我概念、动机和特质。预测业绩好坏的主要因素并非人们通常所重视的水上显现部分，而是藏在水下的个体深层素质。[①] 克瑞斯管理团队的专家经过十多年的本土化研究，提出了"四力四维"胜任力模型。"四维"包括管理组织、管理工作、管理他人和管理自我，"四力"是组织层面的凝聚力、牵引力、推动力和行动力。"四力"主要针对组织运行，具体到企业运营层面，则体现为企业发展的 3 个核心元素——战略、运营和人员，其最终的落脚点是对每个岗位人员的胜任力要求，由此对组织人员尤其是管理人员提出了"四维"的胜任力要求。管理组织关乎企业的长远发展，需要个体具备创新思维和战略理解力，懂得业绩管理和资源整合，既要立足当下目标推动企业高效率运行，又要看到短期目标和长远目标的过渡与衔接，平衡资源投入和业绩目标管理。管理工作体现为组织计划、具体执行、过程监督、反馈控制等工作闭环，要求个体具备较高的认知水平，善于利用身边资源解决问题并及时做好工作评估。管理他人体现为在上级、下级和平行部门人员之间形成良性互动，能够看见组织中不同成员的角色差异和情感差异，并能根据组织目标及时调整

---

① 凌淼，董甜甜，田国梅，等 . 无边界职业生涯背景下胜任力模型构建与应用研究 [M]. 成都：四川大学出版社，2018：9–15.

个人言行。管理自我体现为出于一定的组织目的，有意识、有目的地对自己的思想、情绪和行为进行调整控制的能力，涵盖个体的认知、情感和意志行为等方面。[①] 职业生涯规划教育的出发点是发掘个体潜能、发展个体能力，在提高职业匹配度的同时提升职业素养和职业能力。在这个过程中，让学生的职业能力和岗位胜任力要求相匹配，是根本的教学方向。

三、核心素养与职业胜任力的内生关联

核心素养 5C 模型是教育基础理论的重大突破，为中国本土化素质教育提供了重要参考，也为职业生涯规划教育提供了方向指引。融合式职业生涯规划教育即融合各方面教育资源，让学生的生涯发展面向职场，让学生的综合素质提升与市场发展同步。我们既要关注教育学和心理学理论的新进展，也要重视现实职场的生态化要求。核心素养 5C 模型与"四力四维"胜任力模型有着内在的逻辑关联，胜任力模型是核心素养 5C 模型在职场的延伸。"文化理解与传承"与"管理组织"联系紧密，"审辨思维"贯穿于个体管理自我、他人、工作和组织的所有环节。"创新""沟通""合作"是组织协调的关键。核心素养 5C 模型以人的发展为出发点，"四力四维"胜任力模型以组织发展为出发点，但追根溯源，二者都是对新时代大学生素养的共同要求，具有较高的统一性。因此，在融合式职业生涯规划教育中，应以核心素养 5C 模型为基本指导，以"四力四维"胜任力模型为重要参照，同步推进个体差异性成长与职业发展，有效衔接宏观教育目标与微观职场目标。

---

① 凌淼，董甜甜，田国梅，等 . 无边界职业生涯背景下胜任力模型构建与应用研究 [M]. 成都：四川大学出版社，2018：20-26.

CHAPTER 2

第二章

应用型高校职业生涯
规划教育的运作机理

第一节 逻辑起点：以生为本，立德树人

新时代，人民日益增长的美好生活需要，体现在教育上就是接受良好的教育，这对教育的高质量发展提出了新要求。高校职业生涯规划教育的目标，从短期看是指引大学生明确学习目标，制定具体方案，助力大学毕业生顺利升学或就业、创业；从长期看是引导大学生选择合适的职业生涯发展路径，使之不仅符合个人的职业兴趣，还能实现个人职业价值和社会价值的统一。从树立正确的职业价值观到探索职业兴趣，从提升职业核心素养到锻炼职业能力，青年学生通过各自承担的职业角色创造价值、回报社会，实现个人的全面发展。青年学生的职业价值观直接决定了社会未来的价值取向，大学恰是青年学生形成世界观、价值观和人生观的关键期，也是青年学生选择未来人生发展方向的关键期。青年学生走出高校后迈入社会，将以什么样的职业价值观投身社会服务？将凭借怎样的职业能力置身于某一行业，为社会创造价值？将以什么样的职业适应力、创新力为社会发展添砖加瓦？这些问题客观呈现了高校职业生涯规划教育的逻辑起点，从路径上回答了高校"培养什么人""怎样培养人"的根本问题。高校职业生涯规划教育要坚持以生为本、立德树人，引导学生树立职业生涯规划意识，培养学生的职业胜任力和职业适应力，促进学生全面发展。

一、高校职业生涯规划教育以"立德树人"为使命

没有价值体系的教育是没有灵魂的教育。古希腊数学家欧几里得的一个学生，曾经一本正经地问："我学这些东西能得到些什么呢？"欧几里得沉默片刻，叫来仆人，吩咐说："给他6个铜板，让他走吧，这是他想要得

到的东西。"^①当然，欧几里得的大部分学生不是为铜板而学习。他们研究算术是为了观察和思考数的性质，唤起思考的能力；研究几何是为了接近真理和激发哲学情绪，进而掌握"善"的本质和形式；学习辩证法是为了找出事物之间的联系，探索事物的本质，使个人的智力和能力更加健全。德国哲学家雅斯贝尔斯（Karl T. Jaspers）说过一段广为流传的话："教育的本质是一棵树摇动另一棵树，一朵云推动另一朵云，一个灵魂唤醒另一个灵魂。"^②他认为，真正的教育应包含智慧之爱，它与人的灵魂有关。《左传》记云："太上有立德，其次有立功，其次有立言，虽久不废，此之谓不朽。"《管子》载："一年之计，莫如树谷；十年之计，莫如树木；终身之计，莫如树人。"立德树人之说源远流长。《中华人民共和国教育法》第五条规定："教育必须为社会主义现代化建设服务、为人民服务，必须与生产劳动和社会实践相结合，培养德智体美劳全面发展的社会主义建设者和接班人。"高校的教育承载着立德树人的根本任务，贯彻"价值塑造、能力培养、知识传授"三位一体的育人理念。党的十八大报告把教育放在改善民生和加强社会建设之首，并首次在党的全国代表大会报告中提出"把立德树人作为教育的根本任务"，充分体现了党中央对教育事业的高度重视和优先发展教育的坚定决心。党的二十大报告指出，教育是国之大计、党之大计，培养什么人、怎样培养人、为谁培养人是教育的根本问题。

应用型高校要扎根于中国国情，立足地方文化土壤，把"价值塑造"放在首位。青年学生是新时代的建设者，高校要善于挖掘地方精神、地方文化，并以学生喜闻乐见的方式渗透到育人体系中，激发青年学生内心深处的责任意识。价值塑造这一隐性的目标需要通过具体的路径去实现。要以课程为抓手，把价值引领贯穿在每一门课程的教学过程中。当前，高校

① 教育是人的灵魂的教育，而非理智知识和认识的堆集 [EB/OL].（2017-03-30）[2022-10-30]. https://mp.weixin.qq.com/s？__biz=MzAxMDI2NTMwNw==&mid=2650697726&idx=2&sn=2b855f824967e8346058b9f091b6f5bb&chksm=8358384ab42fb15c118d346fe56626061bfa9443fd19d2f0ff111694b2dcf87cdb9cd2a15b81&scene=27.

② 雅斯贝尔斯.什么是教育 [M]. 邹进，译. 北京：生活·读书·新知三联书店，1991：4.

开展的课程思政就是价值塑造的有效方式，通过梳理每一门课程的思政元素，让教师更清楚课程本身的育人内涵，思考如何自然而然地把思政元素融入教学设计。比如，通过案例讲解、课程前沿知识分享，以体验式教学引导学生主动思考；以校园活动为契机，营造以责任与奉献为主旋律的校园文化氛围；深入开展优秀毕业生交流活动，在重要场合进行表彰和奖励，激发学生的归属感、价值感、责任感。这些方式契合新时代青年的需求，且通过营造一定的仪式感让价值引领入脑入心。

经济的高质量发展对人才质量提出了更高的要求，应用型高校的人才培养从注重规模扩张转向强调质量提升。应用型高校要主动了解地方战略布局，对接当地企业，分析人才需求，加强校企合作，真正在人才培养上融入地方、服务地方经济。学生职业能力包括通用能力和专业技能两个方面，能力的培养既生成于课程的理论学习，更发力于课程的实践探索。实践教学要贯彻"在做中学"的原则，通过设计和引导，为学生提供职业生涯的情景式训练；更重要的是，一定要让学生亲身去尝试，在实践中不断思考，探索职业世界。

应用型高校致力于人才培养，通过职业生涯规划教育把"知识传授"目标落到实处，让"全面发展"理念深入人心。职业生涯规划教育有独立的理论体系、完整的知识体系。青年学生通过学习职业生涯规划知识，了解自己的职业兴趣、职业性格，探索职业价值观，评估职业能力，能够形成职业生涯规划意识，制定科学适用的个人职业生涯规划方案。职业生涯规划教育不以分数排名、不以证书排序，其目的是引导每一个学生形成职业生涯规划意识，促进学生差异化发展。

二、高校职业生涯规划教育是面向未来的教育

（一）树立面向未来的规划意识

2021 年 11 月 10 日，联合国教科文组织面向全球发布《共同重新构

想我们的未来：一种新的教育社会契约》报告，呼吁各国共同探讨和展望面向未来乃至 2050 年的教育。该报告提出了教育的 3 个基本问题："当我们展望 2050 年，我们应继续做什么？我们应该抛弃什么？我们需要创新什么？"未来教育是发生于当下、作用于未来的教育理念、教学方式和教学技术，是用先进教育技术培养适应未来社会发展的未来人才。这可以从 3 个方面来理解：首先，教育是面向未来的事业，它不仅指向国家和民族发展的未来，也指向每一个受教育个体的未来。其次，我们正处在一个充满创新的时代，处在一个百年巨变的时代。较之以往的任何时期，今天的科技创新、知识更迭都更迅速，每一个人都必须不断学习才能适应瞬息万变的当下。最后，职业生涯规划的本质就是面向未来的，是对职业生涯乃至人生进行持续性、系统性设计的过程，是个人终其一生的角色扮演过程。我们无法确定未来的 10 年、20 年甚至更长时间，社会生活、学习环境、行业岗位会以一种怎样的方式具体呈现；就如同 30 年前，没有人能想到一部手机、一条网络，既可以连接全球，又可以解决我们的吃穿住行问题。有人在时代变化中感受到便捷、捕捉到机遇，因为他们善于接受新事物；有人在变化中被遗忘甚至是被淘汰，因为他们习惯于旧思维。面向未来的规划意识，是高校的管理者、教师、学生都应该具备的。

（二）分析面向未来的职业能力趋势

在国家进入新时代、教育进入新周期的背景下，高校面临新的转型发展。2018 年，在第 8 期地方高校转型发展专题研讨班上，教育部副部长孙尧指出："应用型高校承担着输出大量人才的使命，同时其科研定位要更多面向实际、面向应用、面向产业、面向重点企业。"教育部学校规划建设发展中心主任陈锋指出："地方高校转型发展，要抓住推进产教融合的核心内容。首先要抓住产教融合的核心原则——扎根中国大地办大学；其次要使产教融合融于技术进步主轴，通过创新需求引领供需对接，并在这个过程中培养面向未来的人才。"[①] 上述解读为本书分析应用型高校学生未来职业能力的趋势提供了有益的指引。根据波士顿咨询（BCG）的数据，2016 年以来，美国职场的岗位需求中，有 37% 的技能要求发生了变化，有 20% 的需求是全新的技能。前述 5C 核心素养和 5 种职业胜任力是学生要重点发展的能力，这是一个系统工程。其中，创新是引领发展的第一动力，是建设现代化经济体系的战略支撑。创新不是天马行空，而是要立足于当下，解决好实际问题。学习能力是底盘能力，只有持续地吸收新知识，才能在职业发展道路上走得更远。整合的能力包括多种类型，如物质资源整合能力、人力资源整合能力。新技术的革新往往是在传承上的创新，个体的专业技能无疑是至关重要的。

（三）落实面向未来的职业技能锤炼

培养学生的职业技能，首先要建立一支"双师型"教师队伍。高校要在制度、政策上鼓励并支持教师进修，多途径、多样化引进企业优秀人才。高校教师自身要深入分析学校的需求，个人的特长和不足之处，确定目标并深入企业调研，在实践中发现问题、分析问题，提升职业技能。其次，要注重校企合作建平台，开展体验式教学，提高学生的职业技能。最后，要调整课程设置、增加课程门类、建立课程群，实现课程体系由分散到融合。职业生涯规划课程的性质和目标决定了该类课程的教学方式不能局限于理论讲授，更不能简单地以校园文化活动直接代替授课，而是要结合平台实践锻炼等多种教学形式，强化学习动机，提升教学质量。

---

① 应用型高校要转型发展？请先解决好这些问题 [EB/OL].（2018-07-31）[2022-10-30]. https://www.csdp.edu.cn/article/4138.html.

◇ 知识拓展

职业教育"双师型"教师基本标准（试行）①

第一条 贯彻党的教育方针，热爱职业教育事业，具有良好的思想政治素质和师德素养，自觉践行社会主义核心价值观，弘扬劳模精神、劳动精神、工匠精神，为人师表，关爱学生。

第二条 落实立德树人根本任务，遵循职业教育规律和技术技能人才成长规律，践行产教融合、校企合作，做到工学结合、知行合一、德技并修。在教育教学和技术技能培养过程中落实课程思政要求，形成相应的经验模式。

第三条 具备相应的理论教学和实践教学能力，掌握先进的教学理念和教学方法，积极参与教学改革与研究。能够采取多种教学模式方式，有效运用现代信息技术开展教学。

第四条 紧跟产业发展趋势和行业人才需求，具有企业相关工作经历，或积极深入企业和生产服务一线进行岗位实践，时长、形式、内容、标准等应符合职业学校教师企业实践相关规定。理解所教专业（群）与产业的关系，了解产业发展、行业需求和职业岗位变化，及时将新技术、新工艺、新规范融入教学。

第五条 中等职业学校教师申报各层级"双师型"教师，在满足第一至四条标准的基础上，还应具备以下条件。

（一）初级"双师型"教师

1.具有较扎实的专业知识和技能，掌握所教课程的课程标准、

---

① 2022年10月，教育部办公厅发布《关于做好职业教育"双师型"教师认定工作的通知》，附件即《职业教育"双师型"教师基本标准》。

教学原理，以及教学、生产实习实训方法等，教学经验比较丰富，教学效果好。

2. 具有一定的指导和开展教育教学研究的能力，积极参与并承担教学研究任务，在教学改革和专业建设实践中积累了一定经验。

3. 具有一定的企业相关工作经历或者实践经验，了解本专业工作过程或技术流程，积极承担实习实训教学和产教融合、校企合作等工作。获得相关的国家职业技能等级证书或职业资格证书，或具有本专业或相近专业非教师系列初级及以上职务（职称），或具有相应的能力水平。

（二）中级"双师型"教师

1. 具有扎实的理论基础、专业知识和精湛的操作技能，了解本专业发展现状和趋势，掌握先进的教育理念、教学方法，教学业绩显著，形成一定的教学特色和可供借鉴的教学经验。

2. 具有较强的指导和开展教育教学研究、实习实训教学研究、专业建设、技术革新的能力，在教学改革和专业建设实践中取得较突出的成果，起到带头人的作用。

3. 具有较为丰富的企业相关工作经历或者实践经验，掌握本专业工作过程或技术流程，在实习实训教学、设备改造、技术革新等校企合作方面取得较突出成果。获得相关的国家职业资格中级及以上证书或职业技能等级中级及以上证书，或具有本专业或相近专业非教师系列中级及以上职务（职称），或具有相应的能力水平。

（三）高级"双师型"教师

1. 深入系统地掌握本专业基础理论，具有丰富的专业知识和精湛的操作技能，掌握国内外本专业发展现状和趋势，掌握先进的教育理念、教学方法，教学业绩突出，教学特色鲜明，形成可供推广和借鉴的教学经验或模式。

2. 在教育教学团队中发挥关键作用，担任地市级以上专业带头人、教学名师、教学创新团队带头人、技艺技能传承创新平台负责人等，具有主持和指导教育教学研究的能力，在教育思想、专业建设、课程改革、实践教学改革、教学方法等方面取得显著成果，发挥示范引领作用，在指导和培养其他教师方面作出突出贡献。

3. 具有丰富的企业相关工作经历或者实践经验，熟练掌握本专业工作过程或技术流程，在实习实训教学、设备改造、技术革新等校企合作方面取得突出成果。获得相关的国家职业资格高级证书或职业技能等级高级证书，或具有本专业或相近专业非教师系列高级职务（职称），或具有相应的能力水平。

第六条 高等职业学校教师申报各层级"双师型"教师，在满足第一至四条标准的基础上，还应具备以下条件。

（一）初级"双师型"教师

1. 具有较扎实的专业知识和技能，掌握所教课程的课程标准、教学原理，以及教学、生产实习实训方法等，教学经验比较丰富，教学效果好。

2. 具有一定的组织和开展教育教学研究的能力，积极参与并承担教学研究任务，在教育思想、专业建设、课程改革、实践教学改革、教学方法等方面积累了一定经验。有发表、出版的学术论文、教学研究成果、著作或教科书等代表性成果。

3. 具有一定的企业相关工作经历或者实践经验，了解本专业工作过程或技术流程，在实习实训教学、设备改造、技术革新、成果转化等校企合作方面取得一定的成果，取得一定的经济效益和社会效益。获得相关的国家职业技能等级证书或职业资格证书，或具有本专业或相近专业非教师系列初级及以上职务（职称），或具有相应的能力水平。

（二）中级"双师型"教师

1.具有扎实的理论基础、专业知识和精湛的操作技能，了解本专业发展现状和趋势，掌握先进的教育理念、教学方法，教学业绩显著，形成一定的教学特色和可供借鉴的教学经验。

2.具有较强的指导与开展教育教学研究、实习实训教学研究、专业建设、技术革新的能力。参与过重要教学研究或科研项目，在教育思想、专业建设、课程改革、实践教学改革、教学方法等方面取得较突出的成果，起到带头人的作用。有发表、出版的有较大影响的学术论文、教学研究成果、著作或教科书等代表性成果，受到学术界的好评。

3.具有较为丰富的企业相关工作经历或者实践经验，掌握本专业工作过程或技术流程，在实习实训教学、设备改造、技术革新、成果转化等校企合作方面取得较突出成果，取得较为显著的经济效益和社会效益。获得相关的国家职业技能等级中级及以上证书或职业资格中级及以上证书，或具有本专业或相近专业非教师系列中级及以上职务（职称），或具有相应的能力水平。

4.作为主要参与者获得技能竞赛类、教学成果类、科技发明类等代表本领域较高水平的奖项；或指导学生获得地市级及以上技能竞赛类、教学成果类、科技发明类等奖励。

（三）高级"双师型"教师

1.深入系统地掌握本专业基础理论，具有丰富的专业知识和精湛的操作技能，掌握国内外本专业发展现状和趋势，掌握先进的教育理念、教学方法，教学业绩突出，教学特色鲜明，形成可供推广和借鉴的教学经验或模式。

2.在教育教学团队中发挥关键作用，担任地市级以上专业带头人、教学名师、教学创新团队带头人、技艺技能传承创新平台负责人等，主持过重要教育教学改革项目、教学研究项目或科研项目，在教育思想、专业建设、课程改革、实践教学改革、教学方法等方面取得显著成果，发挥示范引领作用，在指导和培养其他教师方面作出突出贡献。有发表、出版的有重要影响的学术论文、教学研究成果、著作或教科书等代表性成果。

3.具有丰富的企业相关工作经历或者实践经验，熟练掌握本专业工作过程或技术流程，在实习实训教学、设备改造、技术革新、成果转化等校企合作方面取得突出成果，取得重大的经济效益和社会效益。获得相关的国家职业资格高级证书或职业技能等级高级证书，或具有本专业或相近专业非教师系列高级职务（职称），或具有相应的能力水平。

4.作为主要参与者获得技能竞赛类、教学成果类、科技发明类等代表本领域先进水平的奖项；或指导学生获得省级及以上技能竞赛类、教学成果类、科技发明类等奖励。

第七条　技工院校"一体化"教师可参照实施。

三、高校职业生涯规划教育是面向个性化的教育

（一）构建分层分类的职业生涯规划教育体系

党的十九届五中全会提出2035年建设教育强国的远景目标，明确了"十四五"时期"建设高质量教育体系"的工作任务，提出了"十四五"时期"实现更加充分更高质量就业"的目标。建设高质量的职业生涯规划教育体系是建设高质量教育体系的题中应有之义。"独特性"是职业生涯的一个重要特性，即每个人的职业生涯发展都是独一无二的，不同的人有不同的特质以及不同的追求。"发展性"是职业生涯的另一个重要特性，即职业生涯

是一个动态的发展过程，每个人在不同的人生发展阶段会有不同的诉求。大学生在不同的年级、不同的阶段，诉求也不一致。如大学一年级学生对大学生活充满好奇、心怀期待，有了解专业知识的诉求；大学三年级学生要为将来做准备，他们或希望了解专业实习、职业技能方面的信息，或希望了解如何备考（硕士研究生、公务员等）以及需要掌握的关键知识点。基于此，在高校职业生涯规划教育中，要按照不同年级、不同的目标导向，建立分层分类的职业生涯规划教育体系，通过模块化的指导、个性化的安排，为学生提供更多选择的平台。

（二）提供精准化的职业生涯指导

面向个性化的教育需求，职业生涯规划教育要解决的核心问题是如何提供精准化的生涯指导，促进每一个学生的成长，从而实现需求端和供给端的平衡。高校职业生涯规划教育必须兼顾学生成长规律和个体差异。学生要想清楚自己要学什么，要做什么，要成为什么样的人，而不是完全听从家长或他人的安排。具体来说，大学四年毕业后，有的学生准备直接就业，有的学生准备国内考研或者国际升学，有的学生尝试创业，等等。无论何种选择，都需要充分利用大学四年的宝贵时间，把职业生涯目标分解为多个小目标。教师在开展职业生涯规划课程教学时，要不断引导学生强化目标，提供精准化的指导。

第二节 动力源泉：持微火者，点燃心灯

动力即一切力量的来源，有动力就能激发潜能，让个体进入良好的学习、工作状态。每个人的心里，总有一盏心灯，一盏亮着的心灯，它无时无刻不在闪耀。它在困境中催人奋进，在寒冷中给人温暖，在挫折时给人鼓励。职业生涯目标正是每个人心中的那盏灯，由自己点亮，给自己信念。如果有这样的一盏灯在心中点燃，学习就真正成为一种主动学、积极练的过程和状态。高校职业生涯规划教育所要做的正是引导每个学生点燃心中的那盏灯。

一、高校职业生涯规划教育指引人生方向

随着信息技术的飞速发展，各种社会思潮的交流、交融、交锋更加频繁，青年学生的思想意识更加自主，价值追求更加多元，个性特点更加突出。面对新情况、新特点、新需求，高校职业生涯规划教育要抓住"立德树人"这个关键点，始终牢记为党育人、为国育才使命，把好职业生涯规划教育的总舵。

（一）促进学生准确认识自我

老子曾说"知人者智，自知者明"，孙子则言"知己知彼，百战不殆"。人们对于自我的认知始终处于一个无尽的探索过程之中。在接受系统的职业生涯规划教育之前，大部分学生对于自我的认知往往比较浅显。在心理学上，自我是一个独特的、持久的同一身份的我，主要包括作为"自我认知的我"和"行为主宰者的我"。自我认知，主要从"我是谁""我从哪里来""我要到哪里去"三个问题来进行分析。[①]自我包括"物

[①] 文军，刘琼，李立. 大学生职业生涯与发展规划 [M]. 成都：电子科技大学出版社，2019：55-56.

质自我""社会自我""精神自我"三个部分。物质自我是对自己的直观感受；社会自我是对自己在社会关系、人际关系中的角色、地位、作用和权力等的认识和体验；精神自我是自我认知中最核心的部分，是对自己的需要、动机、价值观、能力等方面的认识。古人云，"不识庐山真面目，只缘身在此山中"，这告诉我们：身在其中，更加不容易看清事物；要认识事物的真相与全貌，必须摆脱主观成见，跳出狭小的视域。职业生涯规划教育中的自我探索，要求个体能够从他人眼中了解自己，将"现实我""理想我"相结合。自我认知的方法主要有自省比较法、他人评价法、心理测量法等。其中，自省比较法指通过反省、分析来了解自己。曾子曰"吾日三省吾身"，这是自我提高的一种有效方式。例如，在教学中，优秀的老师非常注重教学反思，能及时总结教学经验、提炼教学要点、改进并检验教学方法。他人评价法指通过别人的评价来认识自己。来自他人的评价中，尤其要重视与自己关系密切的人对自己的评价。心理测量法是指通过一系列的科学手段对人的基本心理特质进行测量与评估。建立正确的自我认知是进行职业生涯规划的第一步，也是关键的一步。

（二）引导学生全面分析环境

自 1999 年高校扩招以来，我国大学生录取人数快速增长，毕业季庞大的就业人数相应呈现。根据人社部发布的数据，2002 年我国高校毕业生达到 145 万人，此后逐年增高；2022 年，全国高校毕业生达到 1076 万人。大量的毕业生为我国经济发展注入新鲜血液，但也极大地增加了就业压力。高校毕业生"就业难"和企业"用工荒"的并存，体现了供需双方存在的矛盾，也警示高校要改革人才培养方案、更新教育教学方法。

有效的职业生涯规划有助于引导学生把个人核心素养和职业胜任力的提升串联在大学的学习生活中，持续调整与完善个人职业生涯目标。学生的就业与社会经济发展的大环境息息相关。从宏观层面的经济环境到中观层面的行业、专业发展前景，再到微观层面的拟就业城市相关行业、企业的实际情况，大学生都要做好信息收集和研判。

（三）鼓励学生回答"我到哪里去"

职业生涯规划的目标指引，回答了"我到哪里去"的问题，这不仅是学生个人的答卷，也是高校的答卷。2014 年 5 月，习近平总书记给河北保定学院西部支教毕业生群体代表回信，勉励青年人到基层和人民中去建功立业，在实现中国梦的伟大实践中书写别样精彩的人生。他在信中说，同人民一道拼搏、同祖国一道前进，服务人民、奉献祖国，是当代中国青年的正确方向；好儿女志在四方，有志者奋斗无悔。①

答好"我到哪里去"的问题，首先需要大学生正确认识个人兴趣和人格特质，了解自己的实际能力和水平，并在了解自我和环境的基础上切实开展职业生涯规划。大学生在探索职业世界的时候，不要拘泥于所学专业的某几个职业，而要拓展职业范围。一件物品的制造涉及诸多岗位和行业，从研发到营销、从生产到管理，这表明很多专业和技能都是互通的。因此，大学生应该先了解与自己专业相关的职业有哪些，然后通过专业知识的学习更好地实现自我发展。

"我到哪里去"，既包括价值引领层面的国家、社会需要大学生到哪里去的问题，也包含实践层面的青年学生能够投身哪个行业、在什么岗位创造价值的问题。例如，在乡村建设的浪潮中，大学生可以充分发挥自己的专业特长，帮助乡村改善生活环境、提升教育水平、提高人均收入，带动乡村与时俱进。创新是社会进步的灵魂，创业是推动经济社会发展的重要途径。当下，全球竞争日益激烈，大学生要投身打赢关键核心技术攻坚战，钻研"卡脖子"技术难题，助力祖国建成科技强国。

应用型高校职业生涯规划教育就是要让大学生捋思路、明目标。只

---

① 习近平给河北保定学院西部支教毕业生群体代表回信 [N]. 人民日报，2014-05-04.

有大学生主动回答好"人到哪里去"的问题，才能真正把高校立德树人根本任务落在实处。

二、高校职业生涯规划教育激发心灵潜能

（一）让职业目标成为心之所向

只要勇敢地遵循着心之所向，并为之努力奋斗，就能在平凡中成就自己。有人说大学是自由的，有人说大学是浪漫的，有人说大学是青春的，有人说大学是多彩的。大学里有每一个学生的青春宣言，有他们对未来的期待，有他们奋斗的足迹。大学生仍然处在生涯发展的探索期，高校职业生涯规划教育要引导大学生积极探索职业兴趣、发展职业技能。大学生只有悟透职业生涯的知识，才能确定合适的职业生涯领域，学习的积极性、主动性才会激发出来，甚至还会出现"心流"的状态。"心流"是指个体在专注进行一某行为时表现出来的心理状态，是一种将个人精神完全投注在某种活动上的感觉。当个体的职业目标是心之所向时，其职业幸福感会油然而生，职业的获得感接踵而至，从而形成正向循环。

（二）让职业兴趣成为最好的老师

兴趣是能量的调节者，它的加入发动了存储在内心的力量。"产生兴趣——渴求知识——变得自律——获得知识——更有兴趣"，这种因果关系就像多米诺骨牌那样形成良性循环。心理学认为，兴趣是人积极探究某种事物的精神动力。所谓废寝忘食，就是从事自己感兴趣的活动的一种较高境界。职业兴趣是个体积极探索某种职业并产生向往的情感，它影响着职业的定向和选择，促进智力的开发。2020年引发热议的湖南省留守女孩钟芳蓉，以总分676分、湖南省文科第4名的成绩选择了北京大学考古学专业。考古学在北京大学是一个相对冷门的专业，有人认为

钟芳蓉选择考古学专业就是在自断"钱途"，有人认为这个选择是对学习能力的一种浪费。但是钟芳蓉的回应是："选择专业我只用了几分钟，但我会坚持很久。"① 钟芳蓉的选择是心之所向、兴趣所在。

职业兴趣是以社会的职业需要为基础，并在一定的学习与教育条件下发展起来的。职业兴趣是个人兴趣和工作责任的统一体。在未来，将有更多像钟芳蓉一样的青年学生在专业选择、职业选择上坚持自己的初心，为社会各行各业的发展注入持久的源泉。

（三）让适当的压力成为潜能的催化剂

潜能，是人先天固有的一种禀赋条件和内在特质。但是人的潜能是需要开发并且可以持续开发的，青少年时期是潜能开发的最佳阶段。例如，跳水小将全红婵在东京奥运会上一鸣惊人，10米跳台决赛中，五个动作三跳满分，被称赞为"水花消失术"。她最终以创纪录的成绩夺得10米跳台冠军。天赋、潜能的背后是练体能、练基本功、上翻腾器训练、一次又一次从高台跳下。就如她的教练陈华明所说，"她的成功并不完全靠天赋"。全红婵自己说："我遇到的最大困难就是学207C（向后翻腾三周半抱膝）时，用了一年零几个星期的时间。"所谓"台上一分钟，台下十年功"，奥运小将的成功背后是天赋和不懈的努力，还有不可避免的压力。教学中亦是如此，一堂精彩的公开课背后是主讲老师一遍又一遍的讲练、一稿又一稿的课件制作；一场完美的晚会后面，是每一个节目无数次的编排、演练，是工作人员每一个道具的摆放，是主持人对每一句台词的打磨。因为有目标、有压力，所以有动力，而它们都将转化为潜能发挥的催化剂。潜能是以往的日常生活中遗留、沉淀、储备下来的能量。俗话说："骏马能历险，力田不如牛。坚车能载重，渡河不如舟。"要做到

---

① 对话北大考古系新生钟芳蓉：选择专业只用了几分钟 但我会坚持很久 [EB/OL].（2020-08-31）[2022-10-30]. https://baijiahao.baidu.com/s? id=1676519731774371007&wfr=spider&for=pc.

"物尽其用、人尽其才"，就要把潜能发挥到最好的状态。创新思维是激发潜能的另一种有效方式。头脑风暴法是一种常用的激励创新思维的方法，又称智力激励法、自由思考法。在集体讨论问题的过程中，参与者提出一个新观念，就能引发他人的联想，一连串的新观念相继产生，形成"新观念堆"，为创造性地解决问题提供了更多的可能性。在高校职业生涯规划教学中，在创新创业赛事中，头脑风暴法常被用于激发学生潜能、锻炼学生创新思维。

大学生职业生涯规划教育承担着培养大学生职业兴趣，激发大学生潜能的内在育人作用，引导大学生把职业兴趣与职业目标相统一，正确处理工作兴趣和工作责任的关系。

三、高校职业生涯规划教育塑造健全人格

（一）职业生涯规划促进每个人不同阶段的发展

"生涯"本是指一段经历或历程，职业生涯对每一个人来说都是一个漫长的时期。美国职业生涯大师舒伯认为职业生涯是一个循序渐进的过程，人的职业生涯发展可以分为成长、探索、确立、维持、衰退等5个阶段。[①]每个阶段又会有不同的时期，尤其是在前三个阶段。根据成长发展心理学，在不同阶段、不同时期，每个人都需要完成不同的任务。成长阶段（0—14岁）包括幻想期（0—10岁）、兴趣期（11—12岁）、能力期（13—14岁）。在该阶段，儿童开始发展自我概念，以不同方式表达自我需求，并经过对现实世界的不断尝试，来修饰自己的角色；儿童受到的主要影响来自家庭、学校，因此需要家校协同，共同引导。在家庭教育生活中，父母无疑是最重要的主体。家庭是人生的第一所学校，家长是孩子的第一任老师，要给孩子讲好"人生第一课"，帮助扣好人生第一粒

---

① 文军，刘琼，李立.大学生职业生涯与发展规划[M].成都：电子科技大学出版社，2019：27.

扣子。家长的一言一行在潜移默化中对孩子的劳动观、职业价值观产生深远的影响。家庭是劳动教育最初的场所，如小孩子在某一个时期喜欢模仿家人扫地、洗碗等劳动实践，并为收获劳动技能、获得劳动赞赏而开心。小孩子看见大街上辛勤作业的环卫工人、小区里穿梭的外卖小哥、十字路口辛苦指挥的交警等不同的职业行为，怎样面对和评价？如果学校和家长能及时给予一些正向的引导，学生就能撒下爱心和责任的种子。

探索阶段（15—24岁）是青少年阶段，包括试验期（15—17岁）、过渡期（18—21岁）、尝试期（22—24岁）。这一阶段，青少年对于自我能力及角色、职业定位有了初步的认识，使得职业目标、职业选择逐渐具体化。这一阶段的青少年，主要处在中学高中阶段和大学阶段，学校的老师、同学对其成长有更为重要的作用。教师和学生是教育的双主体，有效的教育要充分发挥教师的主导作用和学生的主体作用。激发学生的内驱力，促进学生的成长和发展，是职业生涯规划教育的初心所在。作为教师，不仅要关注学生的成绩，还要将职业生涯规划教育融入学科教学，充分挖掘各课程所蕴含的职业知识元素；要分析学生的个性特征、兴趣爱好，重视学生的心理品质、意志培养，让学生确立职业生涯规划意识。学生更要在教师引导下，主动参与、积极体验。朋辈的引领作用也非常重要。朋辈教育具有主体性、互动性、渗透性的优势，是实现助人和自助育人理念的一种有效方式。学校可以选聘优秀学长入驻生涯咨询平台，开展沙龙活动。来自同龄人的分享更能引起学生的共情，激发其学习动力。

确立阶段（25—44岁）包括尝试期（25—30岁）、稳定期（31—44岁）。在这一阶段，个体经过早期的探索和尝试，职业生涯趋于稳定。该阶段的尝试期和探索阶段的尝试期有共性也有差异。在确立阶段的尝试期，如果个体对初次选择的职业不满意，则进入重新选择、变换职业的过程中，直到相对满意。确立阶段对一个人的职业生涯至关重要，也是大学生毕业后的重要奋斗期，是职业能力、职业素养投身实践、创造价值的时期。在这一阶段，确立主动学习、终身学习的理念极为重要，因为职业生涯发展需要自身不断加强学习和实践。

维持阶段（45—64岁）属于升迁和专精阶段。在这一阶段，个体较少在主观意愿上去变换职业。

人生所处阶段不同，任务目标不同，每一个阶段又是一个成长、探索直至衰退的过程，从而形成整体的螺旋式循环发展模式。确立、维持阶段是个体走上工作岗位后真正在职场发挥关键作用的时期。同时，个体除了职业的角色之外，更要承担子女、父母等多种家庭角色的责任。来自工作和家庭的压力会比较大，对个体的生涯建构能力提出了更多的挑战，但个体的社会价值也在其中得到充分体现。

（二）职业生涯规划教育促进每个人不同方面发展

人的全面发展包括人的劳动活动、劳动能力、社会关系、自由个性和人类整体的全面发展。2007年，教育部办公厅印发《大学生职业发展与就业指导课程教学要求》指出："大学生职业发展与就业指导课现阶段作为公共课，既强调职业在人生发展中的重要地位，又关注学生的全面发展和终身发展。通过激发大学生职业生涯发展的自主意识，树立正确的就业观，促使大学生理性地规划自身未来的发展，并努力在学习过程中自觉地提高就业能力和生涯管理能力。"大学阶段是青年学生学习职业生涯规划知识、形成职业生涯规划意识、提升职业生涯规划能力的关键时期。古人云，"多闻而择，多见而识""非学无以广才"，任何一项能力的培养和提升都必须以学习为起点，通过学习不断增长见闻、提高认识，从而作出正确抉择。从职业的角度出发，个人的劳动能力和社会关系处理能力是具体能力的显性呈现。在职业生涯发展过程中，个体还在生活中扮演其他角色，如子女、学生、配偶、父母等，各种角色之间相互影响。一个角色的成功，将会为其他角色提供良好的关系基础，这就更加凸显了职业生涯规划教育的重要性。

（三）职业生涯规划促进每个人正确面对生涯冲击

平台经济、网络经济等新业态发展影响职业结构和就业形态的变化，催生了一系列新兴职业。人力资源和社会保障部在 2022 年 10 月 28 日正式发布《中华人民共和国职业分类大典（2022 年版）》，与 2015 年版大典相比，净增 158 个新职业，职业数达 1639 个。在线学习服务师、城市管理网格员、碳管理工程技术人员、金融科技师等新职业和新工种不断涌现。新职业打开了新赛道，吸引了年轻人，推动着新经济。面对外部环境的变化，组织内部开始实施变革型管理，这必然会使员工现有的职业面临着中止、转换等挑战，事实上对个体形成了职业生涯冲击。近几年，越来越多的行业出现了生涯冲击，这必然对个人的工作态度、工作行为和职业决策产生显著影响。2021 年 7 月，中共中央办公厅、国务院办公厅印发《关于进一步减轻义务教育阶段学生作业负担和校外培训负担的意见》，这对教培行业的就业和创业群体来说是一次较大的职业生涯冲击。职业生涯冲击可分为积极职业生涯冲击和消极职业生涯冲击。新东方创始人俞敏洪对部分资产的处置方法是：把崭新的课桌椅捐给乡村学校，已经捐献近 8 万套。2021 年 12 月 28 日晚 8 点，新东方推出直播带货新平台"东方甄选"。董宇辉在一段时间内成为大家高度关注的对象，有人说：他卖的不是货，是知识。有人说：他说的话总能触动你内心最深处的挂念。一大批人为他圈粉，有家长，更有学生。他说："有时候觉得努力没有用，但是如果把人生放在更长的角度去看，会有用的。你得有耐心，黎明之前，天是最黑的，只要再熬一点点时间，天就亮了。"这段话带给了青少年学生积极的影响。截至 2022 年 12 月 28 日，"东方甄选"直播带货一周年数据为：粉丝突破 3600 万人，52 款自营品总计售卖 1825 万单。数据的背后是全体工作人员的艰辛，从俞敏洪、董宇辉等人的身上我们看到了生涯冲击，更看到了如何正确面对生涯冲击。发生在每个人身边积极的和消极的职业生涯冲击的案例有很多，都是高校开展职业生涯规划教育教学时极为有用的素材。

大学生职业生涯规划教育必须坚持育人为本、德育为先、能力为重、全面发展的教育理念，塑造学生健全的人格，使学生主动建构个人职业生涯，实现个人价值和社会价值的统一。

◇ 知识拓展

大学生职业发展与就业指导课程教学要求
（教高厅〔2007〕7号）

党的十七大报告明确指出要"积极做好高校毕业生就业工作"。根据《国务院办公厅关于切实做好2007年普通高等学校毕业生就业工作的通知》（国办发〔2007〕26号）"将就业指导课程纳入教学计划"的要求，现制订《大学生职业发展与就业指导课程教学要求》，旨在进一步明确课程的教学目标、内容、方式、管理与评估，各高等学校要按照《教学要求》，结合本校实际，制定科学、系统和具有特色的教学大纲，组织实施本校的大学生职业发展与就业指导课程建设和教学活动，积极促进高校毕业生就业。

一、课程性质与目标

大学生职业发展与就业指导课现阶段作为公共课，既强调职业在人生发展中的重要地位，又关注学生的全面发展和终身发展。通过激发大学生职业生涯发展的自主意识，树立正确的就业观，促使大学生理性地规划自身未来的发展，并努力在学习过程中自觉地提高就业能力和生涯管理能力。

通过课程教学，大学生应当在态度、知识和技能三个层面均达到以下目标。

态度层面：通过本课程的教学，大学生应当树立起职业生涯发展的自主意识，树立积极正确的人生观、价值观和就业观念，把个人发展和国家需要、社会发展相结合，确立职业的概念和意识，愿意为个人的生涯发展和社会发展主动付出积极的努力。

知识层面：通过本课程的教学，大学生应当基本了解职业发展的阶段特点；较为清晰地认识自己的特性、职业的特性以及社会环境；了解就业形势与政策法规；掌握基本的劳动力市场信息、相关的职业分类知识以及创业的基本知识。

技能层面：通过本课程的教学，大学生应当掌握自我探索技能、信息搜索与管理技能、生涯决策技能、求职技能等，还应该通过课程提高学生的各种通用技能，比如沟通技能、问题解决技能、自我管理技能和人际交往技能等。

二、主要内容

第一部分：建立生涯与职业意识

通过本部分的学习，使大学生意识到确立自身发展目标的重要性，了解职业的特性，思考未来理想职业与所学专业的关系，逐步确立长远而稳定的发展目标，增强大学学习的目的性、积极性。

（一）职业发展与规划导论

教学目标：通过介绍职业对个体生活的重要意义以及对高校毕业生就业形势的介绍与分析，激发大学生关注自身的职业发展；了解职业生涯规划的基本概念和基本思路；明确大学生活与未来职业生涯的关系。

教学内容:

1. 职业对个体生活的重要意义、高校毕业生就业形势;

2. 所学专业对应的职业类别,以及相关职业和行业的就业形势;

3. 职业发展与生涯规划的基本概念;

4. 生涯规划与未来生活的关系;

5. 职业角色与其他生活角色的关系;

6. 大学生活(专业学习、社会活动、课外兼职等)对职业生涯发展的影响。

教学方法:课堂讲授、课堂活动与小组讨论。

(二)影响职业规划的因素

教学目标:使学生了解影响职业发展与规划的内外部重要因素,为科学、有效地进行职业规划做好铺垫与准备。

教学内容:

1. 影响职业生涯发展的自身因素;

2. 影响职业生涯发展的职业因素;

3. 影响职业生涯发展的环境因素。

教学方法:课堂讲授、课堂活动、小组讨论、案例分析。

第二部分:职业发展规划

通过本部分的学习,使学生了解自我、了解职业,学习决策方法,形成初步的职业发展规划,确定人生不同阶段的职业目标及其对应的生活模式。

(一)认识自我

教学目标:引导学生通过各种方法、手段来了解自我,并了解自我特性与职业选择和发展的关系,形成初步的职业发展目标。

教学内容:

1. 能力与技能的概念;能力、技能与职业的关系;个人能力与技能的评定方法；

2. 兴趣的概念；兴趣与职业的关系；兴趣的评定方法；

3. 人格的概念；人格与职业的关系；人格的评定方法；

4. 需要和价值观的概念；价值观与职业的关系；价值观的评定方法；

5. 整合以上特性，形成初步的职业期望。

教学方法：课堂讲授、使用测评工具、案例分析。

（二）了解职业

教学目标：使学生了解相关职业和行业，掌握搜集和管理职业信息的方法。

教学内容：

1. 我国对产业、行业的划分及概述；我国劳动力市场的基本状况；国内外职业分类方法；

2. 影响劳动力市场的因素；

3. 根据设定的职业发展目标确定职业探索的方向；

4. 职业信息的内容：工作内容、工作环境、能力和技能要求、从业人员共有的人格特征、未来发展前景、薪资待遇、对生活的影响等；

5. 搜集职业信息的方法：可利用学校、社区、家庭、朋友等资源。

教学方法：课堂讲授、分组调查、课堂讨论等。

（三）了解环境

教学目标：使学生了解所处环境中的各种资源和限制，能够在生涯决策和职业选择中充分利用资源。

教学内容：

1. 探索学校、院系、家庭以及朋友等构成的小环境中的可利用资源；

2. 了解国家、社会、地方区域等大环境中的相关政策法规、经济形势，探索其对个人职业发展的意义和价值。

教学方法：课堂讲授、完成作业。

（四）职业发展决策

教学目标：使学生了解职业发展决策类型和决策的影响因素，思考并改进自己的决策模式。引导学生将决策技能应用于学业规划、职业目标选择及职业发展过程。

教学内容：

1. 决策类型；职业生涯与发展决策的影响因素（教育程度、工作及家庭对决策的影响，个人因素及环境因素）；

2. 决策相关理论；决策模型在职业生涯与发展决策过程中的应用；

3. 做出决策并制定个人行动计划；

4. 识别决策过程中的影响因素，提高问题解决技能；

5. 识别决策过程中的消极思维，构建积极的自我对话。

教学方法：课堂讲授、个人经验分析、课后练习。

第三部分：提高就业能力

通过本部分的学习，使学生了解具体的职业要求，有针对性地提高自身素质和职业需要的技能，以胜任未来的工作。

教学目标：具体分析已确定职业和该职业需要的专业技能、通用技能，以及对个人素质的要求，并学会通过各种途径来有效地提高这些技能。

教学内容：

1. 目标职业对专业技能的要求；这些技能与所学专业课程的关系；评价个人目前所掌握的专业技能水平；

2. 目标职业对通用技能（表达沟通、人际交往、分析判断、问题解决、创新能力、团队合作、组织管理、客户服务等）的要求；识别并评价自己的通用技能；掌握通用技能的提高方法；

3. 目标职业对个人素质（自信、自立、责任心、诚信、时间管理、主动、勤奋等）的要求；了解个人的素质特征；制定提高个人素质的实施计划；

4. 根据目标职业要求，制定大学期间的学业规划。

教学方法：职场人物访谈、小组讨论、团队训练。

第四部分：求职过程指导

通过本部分的学习，使学生提高求职技能，增进心理调适能力，维护个人合法权益，进而有效地管理求职过程。

（一）搜集就业信息

教学目标：使毕业生能够及时、有效地获取就业信息，建立就业信息的搜集渠道，帮助毕业生提高信息收集与处理的效率与质量。

教学内容：

1. 了解就业信息；

2. 搜集就业信息；

3. 分析与利用就业信息。

教学方法：课堂讲授、经验交流。

（二）简历撰写与面试技巧

教学目标：使学生掌握求职过程中简历和求职信的撰写技巧，掌握面试的基本形式和面试应对要点，提高面试技能。

教学内容：

1. 简历制作的注意事项；

2. 求职礼仪；

3. 面试基本类型与应对技巧；

4. 面试后注意事项。

教学方法：课堂讲授、小组训练、模拟面试、面试录像。

（三）心理调适

教学目标：使学生理解心理调适的重要作用；指导学生掌握适合自己的心理调适方法，更好地应对求职挫折，纾解负面情绪。

教学内容：

1. 求职过程中常见的心理问题；

2. 心理调适的作用与方法；

3. 建立个性化的心理调适方法。

教学方法：课堂讲授、小组讨论、经验分享、团体训练。

（四）就业权益保护

教学目的：使学生了解就业过程中的基本权益与常见的侵权行为，掌握权益保护的方法与途径，维护个人的合法权益。

教学内容：

1. 求职过程中常见的侵权、违法行为；

2. 就业协议与劳动合同的签订；

3. 违约责任与劳动争议；

4. 社会保险的有关知识。

教学方法：课堂讲授、案例分析。

第五部分：职业适应与发展

通过本部分学习，使学生了解学习与工作的不同、学校与职场的区别，引导学生顺利适应生涯角色的转换，为职业发展奠定良好的基础。

（一）从学生到职业人的过渡

教学目标：引导学生了解学校和职场、学生和职业人的差别，建立对工作环境客观合理的期待，在心理上做好进入职业角色的准备，实现从学生到职业人的转变。

教学内容：

1. 学校和职场的差别；学生和职业人的差别；

2. 初入职场可能会面临的问题以及解决方式。

教学方法：课堂讲授、经验分享。

（二）工作中应注意的因素

教学目标：使学生了解影响职业成功的因素，积累相关技能，发展良好品质，成为合格的职业人。

教学内容：

1. 影响职业成功的因素——所需知识、技能及态度的变化；

2. 有效的工作态度及行为；

3. 工作中的人际沟通；

4. 职业道德培养。

教学方法：职场人物访谈、实习见习。

第六部分：创业教育

教学目标：使学生了解创业的基本知识，培养学生创业意识与创业精神，提高创业素质与能力。

教学内容：

1. 创业的内涵与意义；

2. 创业精神与创业素质；

3. 成功创业的基本因素；

4. 创业准备及一般创业过程；

5. 创业过程中应注意的常见问题及对策；

6. 大学生创业的相关政策法规。

教学方法：课堂讲授、小组讨论、模拟教学、创业计划大赛。

三、课程设置

按照《教学要求》，各高校应当根据实际情况，结合本校学生的培养目标设计就业指导课程体系，规定最低课时要求。以下是3种组合方式，供设计课程体系时参考：第一种方式为开设一门课程，覆盖整个大学过程；第二种方式为开设两门课程，分别是《职业生涯与发展规划》与《就业指导》；第三种方式为开设三门课程，课程名称为《职业生涯与发展规划》、《职业素养提升》和《就业指导》。每种方式的课程内容由学校结合实际进行组合，但应包括课程的主要内容。

高职高专学校参考上述课程体系建议，制定本校具体教学计划。

四、教学模式

1.职业发展与就业指导课程既有知识的传授，也有技能的培养，还有态度、观念的转变，是集理论课、实务课和经验课为一体的综合课程。态度、观念的转变和技能的获得比知识的掌握重要，态度、观念的改变是课程教学的核心，因此，它的经验课程属性更为重要。

2.在教学中，应当充分发挥师生双方在教学中的主动性和创造性。教师要引导学生认识到职业生涯与发展规划的重要性，了解职业生涯与发展规划的过程；通过教师的讲解和引导，学生要按照课程的进程，积极开展自我分析、职业探索、社会实践与调查、小组讨论等活动，提高对自我、职业和环境的认识，做出合理的职业发展规划。

3.本课程应采用理论与实践相结合、讲授与训练相结合的方式进行。教学可采用课堂讲授、典型案例分析、情景模拟训练、小组讨论、角色扮演、社会调查、实习见习等方法。

4.在教学的过程中，要充分利用各种资源。除了教师和学生自身的资源之外，还需要使用相关的职业生涯与发展规划工具，包括职业测评、相关图书资料等；可以调动社会资源，采取与外聘专家、成功校友、职场人物专题讲座和座谈相结合的方法。

五、教学评估

1. 在评价内容方面，要从学生对知识的理解和掌握程度以及实际形成的职业发展规划能力两大方面进行评价。职业发展规划是和实际生活紧密联系的，需要评价的学生职业发展规划能力，包括对个人和工作世界的了解程度、短期和长期职业发展目标的制定和实施情况。

2. 在评价重点方面，采用过程评价和结果评价相结合的方式，应加强过程评价。提倡每个学生建立成长档案，记录职业发展规划过程中的自我了解、职业了解和职业决策过程。

3. 在评价方式方面，要采用定量和定性评价相结合的方式。对于知识可以使用考试等量化的评价方式；对于实际的操作能力，可以通过学生的自我评价，学生之间互相评价以及老师和学生的访谈等方式进行。

六、教学管理与条件支持

1. 大学生职业发展与就业指导课程应当纳入到高校的教学计划中，遵守教学管理部门对课程设置与讲授的管理规定，健全教学文档和管理文档。

2. 加强就业指导教师队伍建设。学校应当建立资历和学历结构合理的专业化师资队伍，加强教师的培养和培训工作，鼓励教师积极开展教学研究，鼓励团队教学；聘请各方面专家加入到教学队伍中来，创造性地开展各种形式的教学活动，促进学术水平和教学效果的不断提高。

3. 学校应积极创造条件，努力为本课程的教学提供相应的设备，比如职业生涯测评系统、计算机化的生涯辅导工具等；还应当争取社会各方面的支持，与用人单位建立广泛稳定的联系，为学生提供职业实践的环境，开展多种形式的职业发展规划辅导相关活动。

4.学校应当结合就业指导机构的建设，建立职业发展规划资料室，搜集各种教学资源和学习资源，例如与职业生涯发展相关的书籍、报刊、影视资料、网络资料等。

第三节 基本职能：追求卓越，服务社会

"职业"是高校生涯规划教育的落脚点，是学生就业的支撑点。应用型高校职业生涯规划教育的目标，具体来说，是让青年学生在走向工作岗位之际，能展现较强的职业胜任力，以良好的职业状态投入工作、服务社会；能在多种工作形式并存的社会背景下，选择适合自己的工作形式，在工作岗位上创造价值。近年来，我国高校毕业生灵活就业的比例大幅度增加，职业界限被打破，这给职业生涯规划教育提出了新命题。应用型高校要切实发挥"服务社会"的职能，引导学生树立正确的职业价值观，发展学生的职业胜任力，培养学生服务地方经济的技能。

一、引导学生树立正确的职业价值观

（一）心立青年学生价值之基

大学生职业价值观是大学生的价值观在职业活动中的具体反映。郑金香在《青年价值观的发展》一书中指出，职业价值观是个体在职业发展过程中的一种价值取向，是"个人内在的动力和引导系统"。[①] 大学生作为一个重要且特殊的群体，其价值观直接影响国家和社会的未来价值取向。大学生的职业价值观既有社会价值观的共性，又有大学生群体的特性。大学阶段是系统接受专业知识学习的时期，大学生信息接收渠道多、自主意识强，并且面临着从校园到职场的环境转变、从学生到职业人的身份转变。因此，大学生的职业价值观具有主观性、多元性、可塑性的特点。教师在价值观引导中，不应局限于讲理论、说道理，而要摆事实、引案例，重实践、促思考。例如，通过"影视佳作欣赏"课程让学生在故事情节中

---

① 郑金香. 青年价值观的发展 [M]. 郑州：黄河水利出版社，2010.

感悟正确的价值观；通过组织校园活动和社会实践，让学生在具体事例中理解个人价值和社会责任感。

（二）肩担民族振兴之重任

当代青年学生大多缺乏生活困苦的直观感受，高校需要大力引导青年学生树立劳动至上、甘于奉献的职业价值观。这和社会主义核心价值观在个人层面提倡的"爱国、敬业、诚信、友善"是内在统一的。新时代的大学生只有胸怀忧国忧民之心、爱国爱民之情，才能准确定位自己的人生目标和奋斗方向。青年学生只有树立正确的职业价值观并内化于心，将来走上工作岗位后才能外化于行，把个人小我融入社会大我。一代人有一代人的使命，一代人有一代人的担当。新时代给了青年学生更多的新平台、新机会，只有青年学生共同努力，才能托起国家强大和兴盛的重任。让青年学生树立担当民族振兴重任的意识，并转化为实际行动，是应用型高校职业生涯规划教育的重要命题。

（三）胸怀小我融入大我之信念

"天下之本在国，国之本在家，家之本在身。"（《孟子·离娄上》）国家的根本在于每一个家庭，而每一个家庭的根本在于我们每个人自身。无数的历史告诉我们，国富才能民强，祖国是我们每个人最强大的后盾。2020 年 11 月 4 日，埃塞俄比亚爆发严重的内战，战区机场关闭、道路封锁，电话、网络被中断，10 多万名平民流离失所。中国政府先后分 2 批将 600 多名中国同胞撤离，整个撤离过程迅速、果断，在漫天战火中让每一位中国同胞感到安心与温暖。一名获救的中国同胞感慨：幸福就是伟大祖国给予我们的坚强后盾。2021 年 9 月 25 日，孟晚舟女士乘坐中国政府包机抵达深圳宝安国际机场，顺利回到祖国。她刚下飞机的演讲受到了全网关注，她说，如果信念有颜色，那一定是中国红。家是最小国，国是千万家。驻守边疆的战士用青春守护万家灯火；城市灯光璀璨，是每一个劳动者的绽放。国家的强大需要每一个人的主动付出，需要大情怀和大格局，应用型高校职业生涯规划教育要重点培养学生胸怀小我融入大我的理想信念。

二、发展学生的职业胜任力

"服务社会"是高校的三大基本职能之一，青年学生服务社会既要有正确的职业价值观，更要具备服务社会的核心能力。随着智能化与数字化程度的加深，高校毕业生的就业面临更大的不确定性。因此，高校要依托"大学生职业生涯规划""大学生创业基础""专业导论"等课程，开展贯穿从入学到毕业全过程的学业指导与专业指导。高校要调研社会对人才的需求，倾听学生的心声，提供分层分类的职业生涯规划教育平台，助力学生全面发展，提高人才培养质量。灵活性、创造性、多元化的社会职业特点对大学生的职业生涯适应力、职业胜任力提出了更高的要求。通用核心能力和专业特定技能的培养，是大学生职业胜任力培养的关键。

（一）通用核心能力的培养

"通用能力"，顾名思义是指不局限于某一种职业的，面对不同职业、不同岗位都能运用的可迁移技能。在当下的智能时代、共享经济时代，职业内容和职业需求迅速变化，终身学习已成为一种常态，学习能力显得尤为重要。对于职业通用能力，国内外目前还没有统一的概念界定。国际劳工组织指出，职业通用能力是个体获得和保持工作、在工作中进步以及应对工作生活中出现的变化的能力。英国著名的职业资格授予机构——商业与技术教育委员会认为：职业通用能力是一种可迁移的、从事任何职业都必不可少的跨职业的关键能力。陈智武认为，职业通用能力是指任何职业、行业工作都需要的具有普遍适用性且在职业活动中起支配和主导作用的技能，它是人们职业生涯中除岗位专业能力之外的基本能力，它适用于各种职业。郑晓明认为，大学生的职业通用能力在构建元素上可分为个人的智力因素与非智力因素，在内容上包括学习能力、思想能力、实践能力、应聘能力和适应能力等。[①]

在上述界定中，通用核心能力都指向学习能力、整合能力、创新能力等可迁移技能。致力于培养学生思考能力、沟通能力、思辨能力以及环境适应能力的通识教育，依然是现代教育的核心，这给应用型高校的职业生涯规划教育指明了方向。

（二）专业特定技能的锻炼

每一个行业（专业）都有其特定的专业技能，如文科类专业关注学生探索新事物的能力、提取关键信息的能力、沟通表达能力等核心素养；医学类专业更加注重学生的实际操作能力，其中分析问题和解决问题的能力、动手能力、沟通能力尤为重要。应用型高校应当着眼于不同行业对人才多样化的个性需要和人才复合化的共性需求，通过产教融合和科教融合机制，推动"课程围墙"开放，将人才培养融入产业链、将个性需求融入教育链，汲取行业特有的优质资源，编排嵌入人才培养的"课程地图"。围绕创新素养、跨界素养、职业素养的"育"和"教"，全新审视大学生职业胜任力提升路径，制定相应策略。

三、培养学生服务地方经济的技能

人才是经济社会发展的第一资源，大学是引领社会进步和区域发展的人才高地和创新人才培养的集散地。[②] 高校所在地往往成为毕业生就业的首选地，高校毕业生由此成为当地经济发展的主力军。"人培养得怎么

---

① 以上转引自吴国强.大学生职业通用能力测量及与就业绩效的关系研究[D].上海：复旦大学，2009.

② 让高校科研成果成为助推地方经济发展的"新引擎"[EB/OL].（2017-01-04）[2022-12-30]. http://jyt.jiangxi.gov.cn/art/2017/1/4/art_26490_1477741.html.

样"直接关系到学生毕业后能否适应企业发展需要，能否给企业带来效益；直接影响企业对毕业生母校的人才质量评价。因此，应用型高校在人才培养的过程中，要遵循高等教育发展规律和人才成长规律，把握区域经济社会高质量发展方向和知识生产模式转型趋势，积极搭建与地方经济发展对接的平台，有针对性地培养学生服务地方经济的技能。

（一）了解行业和专业

每一所大学都有自己的特点，高校要善于总结、提炼自身的优势并与地方经济发展相融合，亮出人才培养特色，力争成为服务地方发展的重要力量。大学生要通过职业生涯规划相关知识的学习，正确自我认识，积极探索工作世界与职业生活，了解相关职业，分析行业环境。各行各业都有自己的准入门槛以及对人才素质的基本要求，大学生对行业的人才需求了解得越详细，对个人的职业定位也就更加清晰，制定职业生涯规划方案就会更具有针对性。应用型高校要把职业生涯规划教育贯穿在大学四年的人才培养中，通过企业嘉宾（老师）讲座、行业调研、社会实践等方式，使学生增进对行业和专业的了解，学会分析家庭、学校、社会三方面对个人职业生涯可能发挥的助力和阻力作用，更客观地了解哪些职业目标更容易实现，并能认真思考如何有效减少阻力，甚至变阻力为助力。

（二）培养工匠精神

习近平总书记强调："劳动者素质对一个国家、一个民族发展至关重要。技术工人队伍是支撑中国制造、中国创造的重要基础，对推动经济高质量发展具有重要作用。要健全技能人才培养、使用、评价、激励制度，大力发展技工教育，大规模开展职业技能培训，加快培养大批高素质劳动者和技术技能人才。要在全社会弘扬精益求精的工匠精神，激励广大青年走技能成才、技能报国之路。"①新时期，我国从制造大国迈向制造强国，需要在高等教育领域不断弘扬和培育"工匠精神"。每一个行业都有模范人物。他们可能是行业领军人物，也可能是长期坚持在一线的技术人员。学校可以搭建平台，邀请企业榜样进校开展宣讲，组织"职业人物访谈"，让学生深入企业和一线人员面对面沟通，了解、感悟工匠精神，认识到"奋斗是青春最亮丽的底色"。青年学生要在奋斗中提升能力，激发自信心、体验获得感，以更好的状态投入工作岗位，形成追求精益求精的良性循环。

（三）培养创新精神和解决问题的能力

创新是民族精神的灵魂，是国家兴旺发达的不竭动力，是个人不断发展的源泉。高校是开展创新创业教育的主阵地，是知识创新的主体，是科技产业化的实践者，更是创新型人才的培养基地，承担着青年学生创新精神滋养、创新能力培养的重任。应用型高校创新创业教育要构建多层次、立体化的创新创业教育课程模块。通过"通识型"创新创业启蒙教育实现教育"全覆盖"；通过"嵌入型"创新创业教育实现教学"分层次"；通过"职业型"创新创业教育实现需求"差异化"的创新创业教学目标。②新时代是知识大爆炸的时代，信息技术空前发展，新事物、新技能、新方法不断涌现，要透视新环境、分析新情况、解决新问题，就要发扬创新精神。大学生毕业后是服务地方经济的主力军，在学校学习期间，大学生要重点提升解决现实工作中遇到的各类实际问题的能力。

---

① 习近平：弘扬精益求精的工匠精神 激励广大青年走技能成才技能报国之路 [N]. 人民日报，2019-09-24.
② 王占仁."广谱式"创新创业教育的体系架构与理论价值 [J]. 教育研究，2015（5）：56-63.

◇ 知识拓展

"技能中国行动"实施方案 ①

技能是强国之基、立业之本。技能人才是支撑中国制造、中国创造的重要力量。为贯彻落实习近平总书记对技能人才工作的重要指示精神，在"十四五"期间，人力资源社会保障部将组织实施"技能中国行动"，特制定本实施方案。

一、指导思想

以习近平新时代中国特色社会主义思想为指导，全面贯彻党的十九大和十九届二中、三中、四中、五中全会精神，认真落实习近平总书记对技能人才工作的重要指示精神，坚持党管人才、服务发展、改革创新、需求导向原则，健全技能人才培养、使用、评价、激励制度，着力强基础、优结构，扩规模、提质量，建机制、增活力，打造技能省市，为大力实施人才强国和创新驱动发展战略，建设制造强国、质量强国、技能中国，全面建设社会主义现代化国家，实现中华民族伟大复兴的中国梦，提供坚实的技能人才保障。

二、目标任务

"十四五"时期，大力实施"技能中国行动"，以培养高技能人才、能工巧匠、大国工匠为先导，带动技能人才队伍梯次发展，形成一支规模宏大、结构合理、技能精湛、素质优良，基本满足我国经济社会高质量发展需要的技能人才队伍。"十四五"期间，新增技

----

① 为贯彻落实习近平总书记对技能人才工作的重要指示精神，人力资源社会保障部决定在"十四五"期间组织实施"技能中国行动"，并于 2021 年 6 月 30 日印发《"技能中国行动"实施方案》。

能人才 4000 万人以上，技能人才占就业人员比例达到 30%，东部省份高技能人才占技能人才比例达到 35%，中西部省份高技能人才占技能人才比例在现有基础上提高 2—3 个百分点。

三、基本原则

（一）坚持党管人才。加强党对技能人才工作的领导，强化行业企业主体作用，吸引社会力量积极参与，构建在党委政府领导下，行业企业、院校、社会力量共同参与的技能人才工作新格局。

（二）坚持服务发展。立足新发展阶段，贯彻新发展理念，紧贴发展需求，以推进技能人才供给侧结构性改革为主线，改进和完善培养模式，加快培养知识型、技能型、创新型劳动者大军。

（三）坚持改革创新。发挥市场在人力资源配置中的决定性作用，聚焦制约技能人才工作的短板弱项，完善政策措施体系，加大体制机制改革创新力度，从根本上推动技能人才队伍高质量发展。

（四）坚持需求导向。瞄准缓解结构性就业矛盾，以提升全民技能、构建技能社会为引领，突出需求导向目标，培养更多高素质劳动者，围绕急需紧缺领域培养更多技能人才和大国工匠。

四、主要任务

（一）健全完善"技能中国"政策制度体系

1.健全技能人才发展政策体系。加强技能人才统计分析，全面系统谋划技能人才发展目标、工作任务、政策制度、保障措施，研究制定进一步加强新时代高技能人才队伍建设的指导意见，完善相关配套政策措施，形成更加完备的技能人才工作政策制度体系。鼓励各地结合实际，创新实践，抓好各项政策措施落实落地。

2.健全终身职业技能培训制度。建立健全覆盖城乡全体劳动者、贯穿劳动者学习工作终身、适应就业创业和人才成长需要以及高质量发展需求的终身职业技能培训制度。构建以政府补贴培训、企业自主培训、市场化培训为主要供给，以高技能人才公共实训基地、技工院校、职业院校、职业培训机构和行业企业为主要载体，以就业技能培训、岗位技能提升培训和创业创新培训为主要形式的组织实施体系。加强数字技能培训，普及提升全民数字素养。完善国家基本职业培训包制度，加强职业培训规范化、科学化管理。持续实施国家级高技能人才培训基地、技能大师工作室建设项目。推动各地建设职业覆盖面广、地域特色鲜明的高技能人才培训基地、公共实训基地、技能大师工作室。

3. 完善技能人才评价体系。深化职业资格制度改革，完善职业技能等级制度，健全以职业资格评价、职业技能等级认定和专项职业能力考核等为主要内容的技能人才评价制度。健全完善科学化、社会化、多元化的技能人才评价体系。完善新职业信息发布制度，健全职业分类动态调整机制。完善职业标准开发机制，建立健全由国家职业技能标准、行业企业评价规范、专项职业能力考核规范等构成的多层次、相互衔接的职业标准体系。加强技能人才评价监督管理，营造公开、公平、公正的技能人才评价环境。

4. 构建职业技能竞赛体系。完善以世界技能大赛为引领、中华人民共和国职业技能大赛为龙头、全国行业职业技能竞赛和地方各级职业技能竞赛以及专项赛为主体、企业和院校职业技能比赛为基础的具有中国特色的职业技能竞赛体系，不断提高职业技能竞赛的科学化、规范化、专业化水平。围绕重大战略、重大工程、重大项目、重点产业，统筹管理、定期举办各级各类职业技能竞赛活动。推广集中开放、赛展结合的职业技能竞赛模式，鼓励和引导社会力量支持、参与办赛。推动省市县普遍举办综合性职业技能竞赛，加快培养专业化人才队伍，加强职业技能竞赛工作信息化建设。建设

1个世界技能大赛综合训练中心、3个世界技能大赛中国研究中心、1个世界技能大赛中国研修中心和400个左右世界技能大赛中国集训基地，支持建设世界技能博物馆、世界技能能力建设中心、世界技能资源中心，加强世界技能大赛理论研究、工作研修和成果转化。

（二）实施"技能提升"行动

5. 持续实施职业技能提升行动。大规模开展高质量职业技能培训，创新培训方式，丰富培训内容，提升劳动者就业创业能力和水平。紧贴经济社会发展，编制发布技能人才需求指引，对接技能密集型产业，实施重点群体专项培训计划，大力推行"互联网＋职业技能培训"，广泛开展新职业新业态新模式从业人员技能培训。健全以技能需求和技能评价结果为导向的培训补贴政策。全面推广职业培训券，建立实名制培训信息管理系统和劳动者职业培训电子档案，实现培训信息与就业、社会保障信息联通共享。

6. 大力发展技工教育。支持技工院校建设成为集技工教育、公共实训、技师研修、竞赛集训、技能评价、就业指导等功能一体的技能人才培养综合基地。遴选建设300所左右优质技工院校和500个左右优质专业，开展100个左右技工教育（联盟）集团建设试点工作。稳定和扩大技工院校招生规模，推动将技工院校纳入统一招生平台。建设全国技工院校招生宣传平台。

7. 支持技能人才创业创新。开展技能人才创业创新培训，对符合条件的高技能人才，按规定落实创业担保贷款及贴息政策，支持技能人才入驻创业孵化基地创办企业。支持各地建立创新型高技能人才信息库，支持高技能人才参与国家基础研究、重点科研、企业工艺改造、产品研发中心等项目。鼓励技能人才专利创新。定期举办全国技工院校学生创业创新大赛，培育技工院校学生创业创新能力。

8. 推动国家乡村振兴重点帮扶地区技工教育和职业培训均衡发展。实施国家乡村振兴重点帮扶地区职业技能提升工程，促进区域协调发展。支持建设（新建、改扩建）100 所左右技工院校和职业培训机构、100 个左右高技能人才培训基地和 100 个左右技能大师工作室，开发 100 个左右专项职业能力考核规范，培育 100 个左右劳务品牌，培养一批高技能人才和乡村工匠。定期举办全国乡村振兴职业技能大赛，引导支持重点帮扶地区举办具有地方特色的职业技能竞赛。加大东西部职业技能开发对口协作力度，确保有提升技能意愿的劳动力都有机会参加职业学校教育和技能培训。支持重点帮扶地区开展优秀技能人才评选表彰。

（三）实施"技能强企"行动

9. 推行中国特色企业新型学徒制。全面推行"招工即招生、入企即入校、企校双师联合培养"为主要内容的中国特色企业新型学徒制。发挥企业主体作用，推行培养和评价"双结合"、企业实训基地和院校培训基地"双基地"、企业导师和院校导师"双导师"的联合培养模式。通过校企合作、工学交替等方式，组织企业技能岗位新招用和转岗人员参加学徒制培训，助推企业技能人才培养，发展壮大产业工人队伍。

10. 建立健全产教融合、校企合作机制。推动企校在产业链、创新链、人才链上深度融合，共同推动区域经济社会高质量发展。契合企校需求，整合企校资源，建立企校资源集群，构建企校发展联通、需求互通、资源融通的双赢合作格局。支持企校开展数字技能、绿色技能等领域技能人才联合培养。

11. 开展大规模岗位练兵技能比武活动。支持行业企业将技能人才队伍建设上升为企业发展战略。引导行业企业立足生产、经营、管理实际，以增强核心竞争力为导向，采取以工代训、技能竞赛等形式，大力开展岗位练兵技术比武活动，提升职工技能水平，发现优秀技能人才，传播优秀企业文化。

12. 支持企业自主开展技能等级认定。发挥职业技能等级认定在促进技能人才成长中的积极作用，推动企业自主开展职业技能等级认定。支持企业结合生产经营特点和实际需要，自主确定评价职业（工种）范围，自主设置职业技能岗位等级，自主开发制定评价标准规范，自主运用评价方法，自主开展技能人才评价。鼓励企业在职业技能等级认定工作初期，广泛开展定级评价。可根据岗位条件、职工日常表现、工作业绩等，参照有关规定直接认定职工职业技能等级。支持企业将职业技能等级认定与企业岗位练兵、技术比武、新型学徒制、职工技能培训等各类活动相结合，建立与薪酬、岗位晋升相互衔接的职业技能等级制度。打破学历、资历、年龄、身份、比例等限制，对掌握高超技能、业绩突出的企业一线职工，可按规定直接认定为高级工、技师、高级技师。

（四）实施"技能激励"行动

13. 加大高技能人才表彰奖励。建立健全以国家奖励为导向、用人单位奖励为主体、社会奖励为补充的技能人才奖励体系。定期开展中华技能大奖、全国技术能手评选表彰，选拔优秀高技能人才享受政府特殊津贴。提高高技能人才在各级各类表彰和荣誉评选中的名额分配比例，提高表彰奖励标准，拓宽表彰奖励覆盖面。广泛开展高技能领军人才技能研修交流、休疗养和节日慰问活动。

14. 提升技能人才待遇水平。落实《技能人才薪酬分配指引》，引导企业建立健全体现技能价值激励导向的薪酬分配制度。指导企业对技能人才建立岗位价值、能力素质、业绩贡献的岗位绩效工资制，合理评价技能要素贡献。同时，鼓励企业对技能人才特别是高技能领军人才实行年薪制、协议薪酬、专项特殊奖励，按规定探索实行股权激励、项目分红或岗位分红等中长期激励方式，并结合技能人才劳动特点，统筹设置技能津贴、师带徒津贴等专项津贴，更好体现技能价值激励导向。畅通为高技能人才建立企业年金的机制，提高技能人才薪酬福利水平。进一步提高失业保险参保职工技能提升补贴政策受益率。

15. 落实技能人才社会地位。探索推动面向技术工人、技工院校学生招录（招聘）事业单位工作人员，拓宽技能人才职业发展空间。技工院校高级工、预备技师（技师）班毕业生在应征入伍、就业、确定工资起点标准、参加机关事业单位招聘、职称评审、职级晋升等方面，分别按照大学专科、本科学历毕业生享受同等待遇。推动将高技能人才纳入城市直接落户范围，其配偶、子女按有关规定享受公共就业、教育、住房等保障服务。

16. 健全技能人才职业发展贯通机制。拓展技能人才职业技能等级设置，支持和引导企业增加职业技能等级层次，探索设立首席技师、特级技师等岗位职务。建立技能人才与管理人才、专业技术人才职业转换通道。建立职业资格、职业技能等级与专业技术职务比照认定制度，加强高技能人才与专业技术人才职业发展贯通。各类用人单位对在聘的高级工以上高技能人才在学习进修、岗位聘任、职务职级晋升、评优评奖、科研项目申报等方面，按相应层级专业技术人员享受同等待遇。

17. 弘扬劳模精神、劳动精神、工匠精神。创新方式方法，结合世界技能大赛、国内职业技能竞赛、高技能人才评选表彰、世界青年技能日等重大赛事、重大活动和重要节点，采取群众喜闻乐见的形式，广泛深入开展技能中国行、"迎世赛，点亮技能之光"、中华绝技等宣传活动，讲好技能成才、技能报国故事，传播技能文化，大力弘扬劳模精神、劳动精神、工匠精神。各地可利用技工院校、职业院校、博物馆、文化宫、青少年宫等教育和培训场所，推动设立技能角、技能园地等技能展示、技能互动、职业体验区域，引导广大劳动者特别是青年一代关注技能、学习技能、投身技能。技工院校、职业院校要大力开展技能教育，在劳动教育和劳动实践活动中宣传劳模精神、劳动精神、工匠精神。

（五）实施"技能合作"行动

18.做好世界技能大赛参赛和办赛工作。精心组织上海第46届世界技能大赛，充分展示中国技能发展成就，努力办成一届"富有新意、影响广泛"的世界技能大赛。积极做好世界技能大赛备赛参赛工作，规范遴选世界技能大赛中国集训基地和技术指导专家团队，科学组织集训备赛和参赛工作。举办"一带一路"国际技能大赛等。

19.加强技能领域国际交流合作。统筹利用亚洲合作资金和"一带一路"合作项目资源，开展多边、双边技能合作和对外援助，带动"一带一路"沿线国家完善职业技能培训体系。推进与发达国家在职业技能开发领域的交流互鉴，继续选派青年赴法国、德国等国家开展实习交流，组织职业能力建设管理人员出国交流。支持技工院校与发达国家和"一带一路"沿线国家职业院校合作办学，选派优秀学生出国交换学习。

20.加强职业资格证书国际互认。研究制定境外职业资格境内活动管理暂行办法，规范在我国境内开展的境外各类职业资格相关活动。根据技能人才队伍建设需要，结合实际制定职业资格证书国际互认管理办法。支持持境外职业资格证书人员按规定参加职业资格评价或职业技能等级认定，促进技能人才流动。

五、实施保障

（一）加强组织领导。各地要深入学习贯彻落实习近平总书记对技能人才工作重要指示精神，充分认识进一步加强技能人才工作的重大意义，将技能人才纳入本地人才队伍建设重要工作内容和"十四五"规划，建立党委（党组）统一领导、有关部门各司其职、行业企业为主体、社会力量广泛参与的工作机制，形成推动工作合力。我部根据各地实际，通过与省级人民政府签署部省（区、市）共建协议等方式，推动各地打造技能省市。

（二）加大经费支持。各地要加大技能人才工作投入力度，按政策统筹使用职业技能提升行动专账资金、就业补助资金、失业保险基金、教育经费、人才专项资金等各类资金，发挥好政府资金的撬动作用，推动建立政府、企业、社会多元化投入机制。

（三）加大宣传引导。各地要加大"技能中国行动"宣传力度，围绕五大行动计划精心策划宣传活动，广泛解读宣传技能人才政策，及时发布工作进展和成果成效。要大力宣传行动中涌现的先进典型和先进事迹，引导社会各界关注技能人才，支持技能人才工作，营造技能人才发展的良好社会氛围。

CHAPTER 3

第三章

我国高校职业生涯规划
教育的发展状况与趋势

第一节　我国高校职业生涯规划教育的发展历程

我国职业生涯规划教育萌芽早，但受经济和政治因素影响，出现了较长时间的空白和停滞，真正在高校中得到实施的时间较晚。

1916 年，清华学校校长周寄梅先生首次将心理测试的手段应用在学生选择职业中，并实施生涯规划相关的课程辅导，这是中国生涯教育的先导。[①]

1917 年，著名教育家黄炎培牵头在上海创立了我国最早倡导职业指导的社会团体——中华职业教育社。黄炎培的名言"使无业者有业，使有业者乐业"至今依然具有影响力。1923 年，清华学校校长曹云祥认识到职业指导的重要性，在清华学校成立了职业指导委员会，并请庄泽宣教授专门负责职业指导事务。庄泽宣草拟了职业指导实施办法，并于 1925 年编写了《职业指导实施》一书，总结了清华学校试办职业指导的情况。[②]1927年，中华职业教育社建立了我国第一个直接为社会服务的组织——上海职业指导所。1931 年 9 月 21 日，全国职业指导机关联合会成立，它以研究各机关共同的职业指导问题为宗旨，致力于推动职业指导在全国的扩展。1933 年 7 月，国民政府教育部颁布《各省市县教育行政机关暨中小学施行升学及职业指导办法大纲》。1935 年 11 月，教育部颁布《各省市教育行政机关设置职业指导组暂行办法》。1938 年 10 月，中央建教合作委员会成立。1940 年，国民政府社会部特设职业介绍部，负责全国职业介绍事务。1942 年 6 月，社会部颁布《私立职业介绍所暂行办法》和《私立职业介绍所登记规则》。总的来说，近代中国职业指导的兴起和发展，对沟通教育与就业，加强教育界与职业界的联系，乃至职业指导理论的建立等，都起

---

① 吴秀霞.我国大学生职业生涯规划教育发展历程与趋向 [J].理工高教研究，2008（4）：86–89.

② 吴国强.大学生职业通用能力测量及与就业绩效的关系研究 [D].上海：复旦大学，2009.

到了一定的作用。然而，由于当时政局动荡不安，经济发展落后，许多爱国教育家和先进知识分子所梦想的通过职业教育、职业指导等来改造生计进而改造社会的愿望最终没能实现。本节主要介绍中华人民共和国成立后我国高校职业生涯规划教育的发展情况。

一、1949—1978 年：大学生就业"统包统分"

1949 年中华人民共和国成立，百废待兴、各行各业迫切需要人才。高等教育既要为国家的建设输送人才，又需要加强自身的建设。1950 年，中华人民共和国政务院专门成立了暑期高等学校毕业生工作分配委员会，直接处理当时全国高等院校 1.8 万名毕业生的工作分配问题，揭开了大学毕业生"统包统分"的序幕。[①] 为满足国家建设和社会发展对专业人才的迫切需求，20 世纪 50 年代，全国高校展开了大规模的院系调整，从专业设置到招生人数再到就业去向，都严格遵循国家计划。这一阶段，个人职业选择的自主权微乎其微，但是在毕业生分配的时候考虑了学生的专业和能力，事实上考虑了专业和职业。"文化大革命"对我国高等教育的发展造成了很大的冲击。1977 年 9 月，教育部在北京召开全国高等学校招生工作会议，决定恢复停止了十余年的全国高等院校招生考试，以统一考试、择优录取的方式选拔人才上大学。[②]1977 年 10 月，教育部出台《关于一九七七年高等学校招生工作的意见》，指出普通高等学校招生和毕业生分配按照国家计划执行，分配计划由国家计委负责制订，调配计划由教育厅负责制订。1978 年 12 月，党的十一届三中全会召开，指出把全党工作重心转移到社会主义现代化建设上来。在讨论和争鸣的实践中，教育与经济的联系日益紧密。

---

① 刘光，等. 新中国高等教育大事记 [M]. 长春：东北师范大学出版社，1990：324-325.
② 侍雪. 大学生群像变迁 [J]. 中国大学生就业，2011（4）：18-21.

二、1979—2001 年："统包统分"转向"双向选择"

（一）经济体制转型促使高校毕业生就业政策转变

1986 年，深圳大学开就业指导先河，率先成立学生就业指导中心，并率先在国内实行毕业生不包分配和双向选择制度。1989 年，《高等学校毕业生分配制度改革方案》实施，贯彻近 40 年的"统包统分"的高校毕业生就业制度开始变革。[①]1992 年，党的十四大提出建立社会主义市场经济体制。1993 年，中共中央、国务院颁布《中国教育改革和发展纲要》，明确提出了大学生"自主择业"要求。随后，毕业生"统包统分"向"双向选择"过渡。

（二）国内职业生涯规划起步于就业指导

1996 年 1 月 9 日，人事部颁发《国家不包分配大专以上毕业生择业暂行办法》，规定大专以上毕业生毕业后国家不负责分配工作。新的就业制度以及当时社会经济的变革，使得大学生的就业难度增加，大学生的职业价值观发生了巨大转变。但是大学毕业生从小接受的职业生涯规划教育几乎为零；高校开展的就业指导活动也只仅仅局限于传递用人单位的招聘信息。"职业生涯规划教育"对于高校和毕业生来说还是一个陌生的概念。

（三）就业指导逐步向职业指导转变

新的思潮让高校青年学生的创新、创造、创业意识和能力悄然萌发。1999 年，首届"挑战杯"和讯网中国大学生创业计划竞赛在北京成功举办，汇集了全国 120 余所高校近 400 件作品。这次大赛由共青团中央、中国科协、全国学联主办，由清华大学承办，全国高校由此掀起了一轮

---

① 叶迎. 大学生职业生涯教育在高等教育体系中的地位 [J]. 教育研究与实验，2009（S1）：48–50.

创新创业的热潮。2000 年 10 月，由北京市学联等单位发起，在中国人民大学、北京大学、清华大学等 8 所首都高校开展的 "2000 年大学生职业生涯规划" 活动，受到了大学生的欢迎。这两项具有较大影响力、受青年学生欢迎的活动，有力推动了就业指导向职业指导的转变。2001 年，教育部发布《关于做好 2001 年全国普通高等学校毕业生就业工作的通知》，指出要加快建立集教育、管理、指导和服务等功能于一体的毕业生就业指导和服务体系。这一年，国内多所高校开始增设就业指导课程或职业规划讲座，并相继出版了一批就业指导教材。

三、2002—2018年：职业生涯规划教育迅速铺开

（一）以数据为基础，以制度为导向

1999 年高校扩招以来，我国大学生录取人数快速增加。2002 年，我国高等教育毛入学率达到 15%。根据美国著名教育家特罗（Martin Trow）的三阶段理论，我国进入了高等教育大众化阶段。其必然结果是高校毕业生数量逐年攀升。庞大的录取人数意味着毕业季庞大的就业人数。据教育部公布的数据，2002 年高校毕业生达 145 万人，比 2001 年高校毕业生足足增加了 30 万人。一方面，大量的毕业生为我国经济发展带来了新生力量；另一方面，高校毕业生就业压力剧增。2003 年，教育部颁发《关于进一步深化教育改革，促进高校毕业生就业工作的若干意见》，指出要将就业指导课作为学生思想政治教育的重要组成部分，并纳入日常教学。2004 年 10 月起，教育部教育发展研究中心基础教育研究室与北京现代教育研究院合作，在全国 7 个县区的基础教育阶段全面推广生涯教育实验项目。① 这是我国生涯发展教育的首次规模化尝试。

---

① 魏泽，万正维，钟基玉. 中国大陆地区小学生涯教育现状分析与对策建议 [J]. 教育与教学研究，2013（12）：12-14，17.

（二）各类高规格职业生涯规划赛事和活动纷纷呈现

广东省是我国最早开展大学生职业生涯规划大赛的省份。2004 年 11 月，由广东省高等学校毕业生就业指导中心、广东省高等学校毕业生就业促进会、共青团广州市委和广州青年报社主办的首届广东省大学生职业生涯规划大赛正式启动。2006 年，华南师范大学举办"广东省高校就业与职业生涯规划高层研讨会"。研讨会上，来自北京大学、中山大学、时代英杰国际教育科技（北京）有限公司等高校和企业的嘉宾就高校职业生涯规划工作进行深入研讨。他们阐述了职业生涯规划的必要性和重要性，并指出该项工作必须从大学一年级抓起，让新生入学就能确立初步的职业理想，形成初步的职业生涯规划意识。

江苏省教育厅 2006 年开始举办首届全省大学生职业生涯规划大赛，有力提升了省内高校开展大学生职业生涯规划活动的质量。

北京大学于 2006 年在学生就业指导服务中心设立职业发展教研室，专门从事职业指导类课程的研发、教学和组织。

此外，各省（区、市）职业规划大赛陆续开展，相应的活动竞相推出。

（三）高校职业生涯规划课程教学和教育活动全面铺开

梅宪宾指出，大学生应该多参与实践，多接触社会职场，高校应从意识培养、课程建设、测评工具引进等多方面解决大学生职业生涯规划教育中存在的问题。[1] 李茂平认为："高校在普及生涯规划知识的同时充分重视学生个体差异，立足专业、年级、需求等制定规划辅导方案，通过开展个体、团体生涯咨询辅导，辅之以课程教学。"[2]

2007 年，教育部办公厅印发《大学生职业发展与就业指导课程教学

---

[1] 梅宪宾. 大学生职业生涯规划存在的问题及对策分析 [J]. 教育与职业，2011（15）：92-93.

[2] 李茂平. 大学生职业生涯规划课程教学改革探究：以丽水学院为例 [J]. 湖北函授大学学报，2016（6）：120-121.

要求》，提出将职业发展与就业指导课程列入教学计划："从 2008 年起提倡所有普通高校开设职业发展与就业指导课程，并作为公共课纳入教学计划，贯穿学生从入学到毕业的整个培养过程。现阶段作为高校必修课或选修课开设，经过 3～5 年的完善后全部过渡到必修课。各高校要依据自身情况制订具体教学计划，分年级设立相应学分，建议本课程安排学时不少于 38 学时。"

2007 年 11 月，首届"中国职业生涯规划国际论坛暨 GCDF（全球职业规划师）全球峰会"在北京举行，汇集了来自中国、美国、韩国、德国、日本等 16 个国家的专业人士和国内外数十位职业规划专家。这次论坛是我国在职业生涯规划领域举办的第一次全球性大会，堪称国内职业生涯规划领域的一件盛事；围绕"职业生涯规划的国际前沿技术与实践"这一主题的广泛交流，不仅进一步彰显了包括大学生在内的就业问题、职业生涯规划问题的社会影响与现实意义，而且标志着我国职业生涯规划领域的研究与实践已经进入快速发展时期并日益受到世界的瞩目。

2009 年，国务院办公厅印发《关于加强普通高等学校毕业生就业工作的通知》，要求强化高校毕业生就业服务和就业指导："充分发挥人力资源市场配置资源的作用，强化公共就业服务的功能。人力资源社会保障、教育等部门及高校要加强协作，采取网络招聘、专场招聘、供求洽谈会和用人单位进校园等多种方式，大力开展面向高校毕业生的就业服务系列活动，为应届高校毕业生提供更多、更快、更好的免费就业信息和各类就业服务。高校要强化对大学生的就业指导，开设就业指导课并作为必修课程，重点帮助毕业生了解就业政策，提高求职技巧，调整就业预期。加强高校就业指导服务机构建设，落实人员、场地和经费。加强人力资源市场管理，严厉打击违法违规行为，加强招聘活动安全保障，维护高校毕业生就业权益。"

2009 年 5 月，在教育部高校学生司的指导下，全国高等学校学生信息咨询与就业指导中心组织开展第一届全国大学生职业生涯规划大赛，共有 24 个省（市、区）、1000 余所高校、70 余万学生参与了比赛。同期，创新创业教育在高校有序推进，教育部 2010 年颁发《关于大力推进高等学校创新创业教育和大学生自主创业工作的意见》，首次将创新的概念融入创业教育，明确指出在高等学校开展创新创业教育是深化高等教育教学改革、培养学生创新精神和实践能力的重要途径。[1]

2011 年 4 月，北京师范大学附属实验中学成立"生涯发展与教育研究中心"，这是国内第一家设立在中学、定位于人生规划教育的研究机构。

2015 年，全国掀起"创新创业"教育热潮，各高校将重点放在创新创业课程及相关工作上，职业生涯规划教育趋于常规。在这一阶段，高校在政策制度、经费保障、人员配备上都向创新创业教育倾斜，青年学生也迸发出了很高的积极性，在各类创新创业大赛中付出汗水、收获成长。

四、2019年至今：融合式生涯规划教育蓄势待发

2019 年，我国高等教育毛入学率超过 50%，这意味着我国高等教育进入普及化阶段。

（一）普及化教育新需求

人社部发布的数据显示，2020 年全国高校毕业生数量达到 874 万人，2021 年全国高校毕业生人数达到 909 万人，2022 年全国高校毕业生人数更是达到 1076 万人。教育部发布的《2020 年全国教育事业发展统计公报》《2021 年全国教育事业发展统计公报》显示：2020 年，全国研究生招生 110.66 万人，其中招收硕士生 99.05 万人[2]；2021 年，全国研究生招生

---

① 施永川. 我国高校创业教育十年发展历程研究 [J]. 中国高教研究，2013（4）：69–73.
② 2020 年全国教育事业发展统计公报 [EB/OL].（2021–08–27）[2022–10–30]. https://www.eol.cn/shuju/tongji/jysy/202108/t20210827_2147916.shtml.

117.65 万人，其中招收硕士生 105.07 万人 [①]。2020 年全国硕士研究生报考人数为 341 万人，2021 年全国硕士研究生报考人数为 377 万人，2022 年全国硕士研究生报考人数达 457 万人。直观的数据，让我们每个人都能感受到高校毕业生就业面临的巨大挑战。庞大的高校毕业生数据和新冠疫情冲击下全球经济下行压力叠加，要求高校毕业生树立正确的职业价值观，以创新的意识转"危"为"机"，以坚韧的意志向职业人蜕变，以良好的心态寻求多种就业方式。一方面，近几年研究生招生人数不断增加，但报考人数每年增加更多，考研压力依旧巨大。对考研受挫的学生来说，如何调整目标、坚定信心，实现就业或者进行二次考研，是摆在眼前的问题。另一方面，在创新创业浪潮下，互联网产生的新就业形态让灵活就业成为部分青年学生的主动选择。灵活就业改变了职业的边界，使个体脱离了组织的约束，这更要求个体独立自主地管理好自己的职业生涯。高校从事职业生涯规划教育的教师要在实践中加强调研、设计方案，交出让社会满意的答卷。

（二）内涵式发展新使命

进入新时代，教育面临的问题发生了新的变化，教育发展方式从过去的外延式发展，转变为以提高质量和优化结构为核心的内涵式发展。当下，我国社会的主要矛盾是人民日益增长的美好生活需要和不平衡不充分的发展之间的矛盾。一切的教育活动，归根结底都是为了满足人民群众对美好教育的需求，实现人民群众对美好教育的期盼。我国高校职业生涯规划教育已进入积淀转型期，需要突破发展瓶颈。我国高校开展的职业生涯规划教育是否适应"本土化"的人才培养特征？是否有效激发了学生的内驱力？是否回到了育人初心，即促进了学生的全面发展？一

---

① 2021 年全国教育事业发展统计公报 EB/OL].（2022-09-14）[2022-10-30]. https://www.eol.cn/shuju/tongji/jysy/202209/t20220914_2245471.shtml.

系列的新课题，需要专家学者进一步调研、探讨、破解，提出新理论、新举措。

（三）融合式教育新方向

面对我国高校普及化教育的新情况、高校内涵式发展的新使命、人民对美好教育的新向往，原有的高校职业生涯规划教育模式亟待革新。具体而言，高校职业生涯规划教育理论要从"引进为主"转向"本土国际化"；高校职业生涯规划教育类型要从"单一"转向"多元"；高校职业生涯规划教育方式要从"相对固化"转向"融合互通"；高校职业生涯规划教育内容要从"校园为主"转向"校企合作"；高校职业生涯规划教育范围要从"相对独立"转向"大中小学一体化"。面对新使命，高校的职业生涯规划教育要进一步回答好"培养什么人""怎样培养人"的核心问题，精准助力学生成长。在培养路径上，以"全员、全过程、全方位"育人为指导，以有限的生涯规划教育课程为基础，坚持融合式教育教学理念，推动职业生涯规划教育和思想政治教育、专业教育、实践教育、劳动教育的有机融合，促进学生新发展。

第二节 我国高校职业生涯规划教育的发展模式

职业生涯规划教育于 2007 年在高校全面铺开，发展至今，各高校结合校本特色、地域特色和行业特色，形成了多样化的职业生涯规划教育模式。当前，对于我国高校的职业生涯规划教育发展模式尚没有统一的标准和定论。研究型大学和应用型高校在职业生涯规划教育开展的路径、配备的资源、形成的经验上都存在一定的差异，本节以国内几所高校为样本，分析我国职业生涯规划教育的 4 种发展模式。

一、课堂融合式

融合重在"融"字。有学者认为，融合式教学是相对于传统的封闭式教学方法而言的，它注重的是学科之间、课程之间、授课方式、师生互动的一种大融合。[①]有学者把学科融合视为大学跨越式发展的重要途径，认为其对科学研究、人才培养、社会服务都具有重要的作用。[②]笔者认为，职业生涯规划教育的课堂融合式教学，在内涵上还包括职业生涯规划课程与思想政治课程的融合、职业生涯规划课程与专业课程的融合，在具体的表现形式上有以下几种。

课堂融合式指授课载体上第一、第二课堂的融合。即以理论知识学习为主的第一课堂和以活动、体验为主的第二课堂的融合拓展，助力理论和实践相结合。引导学生树立职业生涯规划意识是职业生涯规划教育的首要任务。根据马克思主义实践论，这是一个学习和认识的过程，这一过程既具有认识的主体性，又具有认识的客观性，是一个"实践—认

---

① 李燕飞. 论融合式教学法在双语教学中的应用 [J]. 科学与财富，2011（5）：163–164.

② 胡卫锋，庞青山. 学科融合：大学跨越式发展的重要途径 [J]. 煤炭高等教育，2004（4）：42–44.

识—再实践—再认识"的过程。第一课堂和第二课堂的融合正是遵循了认知过程的循环规律，使学生将第一课堂所学应用于第二课堂，加深对知识的理解。例如，学生在第一课堂学习了创新精神，在第二课堂通过参加创新创业类大赛、创新类学科竞赛，对创新能力、创新精神有更直接的体会、更深切的感知。又如，学生在第一课堂学习了"小我融入大我"的奉献精神，在第二课堂通过志愿服务活动、暑期实践活动，真切体会到"赠人玫瑰，手有余香"的价值感。高等教育是一种开放式教育，学生在第一课堂能学到专业知识、提升理论素养，而价值观的形成、能力的培养更多地要靠第二课堂。

课堂融合式包含"线上＋线下"课堂教学模式。它要求高校充分利用多媒体技术，实现优质师资、优质课程的资源共享。2022 年 1 月 4 日，清华大学人文学院逻辑学中心正式发布"逻辑学全球融合式课堂证书项目"，将部分海内外高水平大学学生以在线的方式引入清华大学课堂，增进学生的国际沟通与理解，为全球优质高等教育资源的共享贡献力量。[1]

课堂融合式包括职业生涯规划基础课程和模块化课程的融合。基础课程面向全体学生传授职业生涯规划相关知识，模块化课程根据学生毕业意向、生涯目标，以终为始，设计教学内容，精准助力学生成长。生涯目标是大学生个人成长的发动机、人生理想的催化剂和实现职业理想的前提。例如，学生以"创业"为毕业后的生涯目标，则学校在职业生涯规划教育中要设计创新创业生涯体系，给学生提供学习和锻炼的平台。如果学生以"考研"为毕业时的学业目标，则学校在职业生涯规划教育中要设计考研准备模块，包括考研咨询平台、学长沙龙等。

---

① 清华大学发布首个全球融合式课堂证书项目 [EB/OL].（2022-01-06）[2022-10-30]. https://www.phil. tsinghua.edu.cn/info/1051/1941.htm.

二、项目化融合式

项目化融合式职业生涯规划教育是以项目为学习载体、以任务为导向，帮助学生明确职业生涯规划、提升职业技能。它主要以"项目＋团队"的形式开展。在研究型高校中，哈尔滨工业大学（简称哈工大）的项目化融合式教学表现突出。哈工大秉承"立足航天，服务国防，面向国民经济主战场"的办学理念，聚焦服务国家重点建设领域和关键行业，把职业生涯规划教育融入学校人才培养体系全过程。哈工大学生职业发展中心网站除了常规模块，还开设了咨询、课程、培训模块，便于学生线上操作。学校开出特色班，并推出"大师＋团队"的培养模式。例如，基于航天特色，开设"小卫星班"，由 7 位院士组成师资团队。2014 年，哈工大发射了首颗由高校自主研制发射的小卫星，至 2020 年已经发射了 20 颗，学生自主研制的小卫星两度闪耀太空。[①]哈工大开设了智能机器人班，由院士领衔，并设置与麻省理工学院、卡内基梅隆大学等世界顶尖大学同步的国际化课程，实行访学学分互认，学生可以选择与智能机器人相关的任何专业。哈工大学子的机器人登上了平昌冬奥会的舞台。哈工大在制度上鼓励生涯目标明确的学生在大一阶段加入特色班，参加具体的项目，以任务导向激发学生的学习兴趣和科研动力。目前，哈工大已经组建了小卫星团队、复合材料团队等 7 个大师团队。面向未定向的学生，学校提供了大数据拔尖人才创新平台、航天新材料智能制造平台等 37 个创新人才培养高端平台。

在应用型高校中，项目化融合式职业生涯规划教育是培养学生的核心素养和职业技能的有效方式。以浙江万里学院为例，学生每年进行"国家级（省级）创新创业项目"的立项答辩、中期验收和结题验收汇报，很

---

① 邢朝霞. 构建关键行业人才"招生—培养—就业"一体化输送体系 [J]. 生涯发展教育研究, 2020（4）: 8-12.

多学生在创新创业项目的开展中发现，就某一主题进行调研让自己对社会有了更多的了解，从中也找到了自己的研究兴趣点。有的学生表示，"国家级（省级）创新创业项目"的结题是终点更是一个新的起点，未来将持续开展项目的研究和实践。

三、平台化融合式

平台化融合式职业生涯规划教育主要依托实践基地和学科竞赛两大平台。

一方面，校企合作共建实践基地，锻炼学生的职业能力。实践教学是高校人才培养的重要组成部分，更是学生进行职业生涯规划不可或缺的重要环节。大学四年，是学生向成人过渡、向社会接轨的时光，学生最终将转换为职业人的身份。校园生活和职业社会的区别，理论学习和岗位实践的内在联系及实际差异，要求学生缩短对职业岗位的适应期，顺利完成从学生到职业角色身份的转换。职业生涯规划的过程就是大学生不断学习、实践的过程。

另一方面，学科竞赛平台充分发挥"以赛促学"的作用。举办大学生职业生涯规划大赛，是教育组织贯彻党中央、国务院就业创业工作有关精神，加强大学生职业生涯教育，促进学生高质量就业的一项具体举措。2021年12月28—30日，由江苏省教育厅主办，江苏省招生就业中心承办，武进区人力资源和社会保障局、常州工学院协办的"武进人才杯"江苏省第十六届大学生职业生涯规划大赛总决赛以线上方式举行。大赛设研究生赛道、本科生赛道、专科生赛道和创新创业赛道等4个赛道，吸引了来自全省137所高校的25.62万名学生参赛，参赛高校数与人数均创历史新高。[①]通过"以赛促教、以赛促学",打造了一堂生动活泼、别具特色的职业指导课,一堂内涵丰富、富有温度的思想政治课。参赛选手综合自身兴趣、能力特点,分析未来目标行业要求,科学合理规划学习生活,提升了职业素养。大赛不仅极大地鼓舞了广大大学生参与赛事的积极性,更提升了大学生的职业生涯规划意识和创业创新能力。

从校赛到市赛再到省赛、国赛,每一场比赛对于每一个参赛的学生、每一支参赛的团队来说都是一场完整的训练,对高校来说则是人才培养的落地过程。在职业生涯规划大赛之外,还有很多具有学科特色的竞赛,如通识型的大学物理科技创新竞赛、全国大学生高等数学竞赛、全国大学生英语竞赛,以及与专业知识相结合的全国大学生电子设计竞赛、全国大学生物流设计竞赛等。

四、生态化融合式

生态化融合式职业生涯规划教育主要以沉浸式行业探索和体验的方式进行,面向职业目标清晰度、一致度高的行业。例如,对于医学、师范这两类专业,职业生涯规划教育的成效直接影响行业的生态发展。没有价值体系的教育是没有灵魂的教育。[②]因此,要把职业生涯规划教育的"价值引领"做好做实做强,让家国情怀入脑入心入行。家国情怀,是一个人对家庭、对社会、对国家的真情实感和使命担当。高校鼓励大学生在国家前行的大势中寻找人生价值,深刻体悟到个人发展与国家命运紧密相连,将个人目标建立在符合社会需求和经济发展的基础上。价值观和职业之间有一定的匹配性。每种职业都有自己的特性,职业的经历潜移默化中影响着价值观。例如,当代军人有"忠诚于党、热爱人民、报效国家、献身使

---

① 江苏省第十六届大学生职业规划大赛圆满落幕 [EB/OL].（2021-01-05）[2022-10-30]. http://jyt.jiangsu.gov.cn/art/2022/1/5/art_57807_10301288.html.

② 林文伟 . 创业教育价值意蕴探析 [J]. 思想理论教育,2015（12）:90-94.

命、崇尚荣誉"的核心价值观，医生要弘扬"敬佑生命、救死扶伤、甘于奉献、大爱无疆"的精神，老师要争做有理想信念、有道德情操、有扎实学识、有仁爱之心的"四有"好老师。

作为高校师范专业的学生，不仅要在理论上知晓国家需要怎样的教育、学生需要怎样的老师，更要在课堂上观察、思考如何成为一名优秀的老师，在实践中模仿、学习甚至超越老师，真正做到在思想上重视师德师风，在行动上具备教师的职业核心能力。华东师范大学孟宪承书院深耕师范生培养，着力构建师范生养成教育的通识教育体系，锻造"乐教、适教、善教"的未来教师。经过多年实践，逐渐形成了"德育为先、能力达成、系统推进、协同增效"四维一体的师范生生涯教育模式。师范生生涯发展能力的培养和锻炼贯穿于大学四年，注重生涯发展的深度和广度。如大一聚焦师范生的生涯启航，大二聚焦师范生的生涯探索，大三聚焦师范生的生涯决策，大四聚焦师范生的生涯行动。

作为医学专业学生，要认识到一个医生的医德、医术影响的不仅是自己和身边的人，而且会影响每一个患者及其背后的家庭；要树立终身学习理念，"活到老，学到老"，不断更新知识储备，敢于质疑和创新。医学专业的学生学制长、实习早，医学专业的毕业生需要到规培基地进行两到三年的规范化培训，培养质量要依据岗位胜任力多个维度的反馈结果来确定。[①] 医院科室负责人、带教医生和规培导师是高校要重点了解的调研对象，通过他们可以了解学生的实际表现。医学专业毕业生接触的是整个行业的生态环境。高校、医院、社会三者密切相连，在医学学生的职业生涯规划教育中发挥不同的作用。

---

① 刘天法.基于毕业生质量跟踪深度调查的学生职业发展教育优化[J].生涯发展教育研究，2020（4）：31-34.

第三节　我国高校职业生涯规划教育的发展瓶颈

我国职业生涯规划教育主要存在两大问题：一是起步较晚，且主要集中在高中和大学。其中，大学生职业生涯规划集中体现为毕业生的就业指导。高中学生的生涯教育更多是在新高考的背景下开展的，有的学校以选修课、生涯规划讲座、学考讲座、高考志愿填报讲座等形式开展职业生涯规划引导。二是中小学职业生涯规划理念未普及，行动落实不充分。基础教育阶段是学生世界观、人生观、价值观形成的重要时期，开启职业生涯启蒙教育，前移职业教育观念，培育干一行、爱一行的职业精神很有必要。但实际情况是中小学的职业生涯规划教育还没有形成系统的、比较科学的教育实施体系。大中小学各个不同学段的职业生涯规划教育的衔接更是不尽完善。透过实际现象，分析其根本原因，主要有以下几个方面。

一、教育理论不适用

（一）教育理论源于西方

国内职业生涯规划教育理论源于西方国家。美国是职业生涯理论的发源地，也是最早开展就业指导的国家。1908 年，美国人帕森斯（Frank Parsons）为了帮助大量的求职者寻找到更合适的职业，开始了职业指导实践，并提出了职业选择的"三步走"理论。[①] 此后，美国学者提出了诸多职业生涯理论，其中霍兰德的"霍兰德职业代码"和舒伯的"生涯角色理论"广为流传。西方学者已经建立的职业生涯规划理论可以分为三类：职业匹配论、职业生涯发展论和职业生涯决策论。国内专家、学者关

---

① 罗义文，赵玉芳. 大学生生涯辅导体系构建探讨 [J]. 科学咨询（决策管理），2008（9）：91-92.

于职业生涯规划教育理论的研究普遍侧重于介绍和应用西方的职业生涯理论。

（二）教育理论本土化不足

综观国内职业生涯教育的理论研究，在职业测评量表设计和运用方面主要基于国外学者的理论，在职业兴趣的研究方面主要基于霍兰德的职业兴趣理论。教育理论的本土化不足，直接影响学生的职业价值观。从根本上而言，西方职业生涯规划理论遵循"价值中立"，注重价值澄清，强调个人职业发展。虽然这在一定时期内对于我国大学生的自我认知、职业探索起到了积极的引导作用，但是和我们倡导的青年学生要把个人发展融入国家、社会的发展导向不一致。青年学生的价值取向决定了未来整个社会的价值取向。社会的发展、民族的复兴需要高校培养能担当大任的"时代新人"。"把小我融入大我"的价值取向需要教师在职业生涯规划教育的课堂中，做好学生的引路人；更需要高校在服务社会的实践中，培养学生"甘于奉献"的意识。"构建更高质量大学生职业发展教育体系，要坚持综合创新，面向现代化建设需要、行业企业要求，扎根中国、融通中外，不断突出理论创新、实践创新、机制创新，走中国特色大学生职业生涯发展教育之路。"①

职业生涯教育是一个跨学科的研究领域，高质量构建大学生职业发展教育体系，要结合时代特点，强化价值引领，立足中国国情、扎根中国文化，使职业生涯发展教育与大学生思想政治教育、劳动教育、学科专业教育有机融合。

---

① 方伟.学习贯彻习近平总书记立德树人重要论述，构建更高水平的大学生职业生涯发展教育体系 [J].中国大学生就业，2021（12）：4-6.

二、教师队伍不专业

（一）对专业知识学习不系统

2021 年 10 月，中共中央办公厅、国务院办公厅印发《关于推动现代职业教育高质量发展的意见》，第 13 条指出："强化双师型教师队伍建设。加强师德师风建设，全面提升教师素养。完善职业教育教师资格认定制度，在国家教师资格考试中强化专业教学和实践要求。制定双师型教师标准，完善教师招聘、专业技术职务评聘和绩效考核标准。按照职业学校生师比例和结构要求配齐专业教师。加强职业技术师范学校建设。支持高水平学校和大中型企业共建双师型教师培养培训基地，落实教师定期到企业实践的规定，支持企业技术骨干到学校从教，推进固定岗与流动岗相结合、校企互聘兼职的教师队伍建设改革。继续实施职业院校教师素质提高计划。"

教师是知识的传承者，课堂是育人的主阵地。一支相对稳定、高素质、专业化、职业化的师资队伍，是保证大学生职业发展与就业指导课程教学质量的关键。当前，高校职业生涯规划教育师资匮乏是一个现实的问题。很多高校的职业生涯规划课程教学以专职或兼职的就业创业指导老师为主，有的老师参加过系统的职业生涯规划培训，有的老师只参加过短期培训。部分任课教师在课程研究上精力有限、能力不足，在课程教学上缺乏系统性，离专业化、职业化的要求还有较大的差距。教师对专业知识的理论性、系统性掌握不足，过度依赖测评工具。目前，国内许多测评系统运用的是经过部分修订的美国的职业分类标准，少数自行编制的测评工具也具有较明显的西方文化痕迹，缺乏有效的常模，不符合中国劳动力市场及大学生就业的实际情况，实际测评的结果往往是千人一面。

（二）对课程内容认识不深

高校职业生涯规划教育普遍存在课程内容单一化的问题，主要是引导学生探索个人兴趣，了解专业、行业知识，目标是帮助学生顺利就业。也就是说，较少融入培养新时代大学生社会责任、家国情怀等职业价值观教育内容。同时，过于关注毕业生就业率、创业率的量化结果，使得高校在职业生涯规划教育中"重量化考核、轻过程引导""重理论讲解、轻实践育人"，不利于学生的全面发展。

（三）对课程教研投入不多

教学是一项技术与艺术并存的复杂技能，由教学理念、教学设计、教学互动、教学反思等一系列情感与知识传授过程构成。课堂是教师展示的舞台，衡量教学效果不仅要看老师教得怎么样，更要看学生学得怎么样。因此，教师需要深入开展教研活动，组建教学团队进行集体备课、分析学生学情、探讨教学活动、观摩教学实践、提升教学技能等。从实际情况来看，职业生涯规划课程的任课教师主要是就业指导工作老师、心理健康老师、辅导员，他们的事务性工作较多，对教学技能的系统性学习不足，使得职业生涯规划的课程教研工作陷入"说起来重要，忙起来次要"的尴尬境地。

三、课程体系不科学

（一）课程衔接不紧密

课程是职业生涯规划教育的主要载体。查阅国内高校的人才培养方案，发现它们在职业生涯规划的课程安排上集中体现为两种形式：一是在大学一年级开设"大学生职业生涯规划与发展"（具体名称因校而异）课程，在毕业前开设"职业素养与提升"课程；二是只在大学一年级开设

"大学生职业生涯规划与创业教育"课程。可以看出，学生的职业生涯规划教育存在断裂现象。

（二）实践平台缺乏

《关于推动现代职业教育高质量发展的意见》第 11 条指出："拓展校企合作形式内容。职业学校要主动吸纳行业龙头企业深度参与职业教育专业规划、课程设置、教材开发、教学设计、教学实施，合作共建新专业、开发新课程、开展订单培养。鼓励行业龙头企业主导建立全国性、行业性职教集团，推进实体化运作。探索中国特色学徒制，大力培养技术技能人才。支持企业接收学生实习实训，引导企业按岗位总量的一定比例设立学徒岗位。严禁向学生违规收取实习实训费用。"

对职业环境的探索是新时代大学生进行职业生涯规划教育的重要内容，学生只有通过丰富的社会实践才能充分了解就业环境，熟悉具体的工作内容与流程。职业生涯规划教育的实践性和应用型高校的办学定位都聚焦于学生的实践能力培养。但是，当前应用型高校职业生涯规划教育中，实践平台缺乏、实践课时不足是一个共性问题。应用型高校普遍面临资金短缺、师资欠缺、平台匮乏等困境，以致学生动手能力较差，理论知识与实践衔接不紧密，不能很好地适应社会需要。上海外国语大学 2022 届毕业生就业质量报告显示，用人单位在对学校生涯与就业指导工作的建议方面，排名前三的建议分别为：为学生提供更多的实习实践平台，加强学生实践能力的培养；加大校企合作，进一步密切用人单位与学校的联系；进一步加强在校生的就业指导，引导学生做好职业规划与生涯规划。上海理工大学 2021 届毕业生就业质量报告显示，用人单位认为该校人才培养工作最需要加强的是"强化专业实践教学环节"和"课程设置和教学内容适应社会需求"。上海东海职业技术学院 2021 届毕业生就业质量报告显示：2021 届毕业生对学校实践教学基本满意，但认为母校提供的实践教学机会不多。

（三）教材体系泛化

《关于推动现代职业教育高质量发展的意见》第15条指出："改进教学内容与教材。完善'岗课赛证'综合育人机制，按照生产实际和岗位需求设计开发课程，开发模块化、系统化的实训课程体系，提升学生实践能力。深入实施职业技能等级证书制度，完善认证管理办法，加强事中事后监管。及时更新教学标准，将新技术、新工艺、新规范、典型生产案例及时纳入教学内容。把职业技能等级证书所体现的先进标准融入人才培养方案。强化教材建设国家事权，分层规划，完善职业教育教材的编写、审核、选用、使用、更新、评价监管机制。引导地方、行业和学校按规定建设地方特色教材、行业适用教材、校本专业教材。"

教材是一门课程的核心教学材料，是教师进行教学的主要参照，是最重要的教学工具书。当前，国内高校的职业生涯规划教育教材细分不够，对于不同类别高校学生的需求调研不充分。大学生多元化的职业发展，需要立足本土化的理论指引，更需要精准化的实际指导。

四、支撑体系不健全

（一）学校顶层设计不系统

职业生涯规划课程的基本价值在于它可以帮助学生建立一个学习动力系统。当前，高校没有系统地设计职业生涯规划教育的工作方案，有的高校局限于职业生涯规划课程的教学，在学生获得学分后，便将职业生涯规划教育工作搁置。这不利于真正构建学生的学习动力系统。生涯规划教育应该贯穿于人才培养全过程，应该全方位开展；既要在"职业发展规划"课程的第一课堂进行教学，还要在职业体验与访问等第二课堂进行实践拓展；既要在思想政治教育中引导学生树立正确的职业价值观，更要在专业课程教学中让学生了解行业知识，树立正确的劳动观，培养工匠精神。

（二）教学质量监控不到位

《关于推动现代职业教育高质量发展的意见》第 16 条指出："完善质量保证体系。建立健全教师、课程、教材、教学、实习实训、信息化、安全等国家职业教育标准，鼓励地方结合实际出台更高要求的地方标准，支持行业组织、龙头企业参与制定标准。推进职业学校教学工作诊断与改进制度建设。完善职业教育督导评估办法，加强对地方政府履行职业教育职责督导，做好中等职业学校办学能力评估和高等职业学校适应社会需求能力评估。健全国家、省、学校质量年报制度，定期组织质量年报的审查抽查，提高编制水平，加大公开力度。强化评价结果运用，将其作为批复学校设置、核定招生计划、安排重大项目的重要参考。"

高校职业生涯规划课程的教学队伍，以兼职教师为主，专职教师为辅，教学研讨等基层教学活动受影响。在实际教学运行中，校院两级的教学督导基本来自各教学单位，在教学巡查和听课中习惯性选择自己熟悉的领域，容易出现教学质量监控缺位现象。同时，对兼职任课教师的教学评价、教学结果考核运用不足。教师教学业绩评价是老师们关注度高，涉及自己切身利益的重要事项。常规情况下，对各类教学课程都会进行教学评价。但是由于职业生涯规划课程往往由理论和活动两部分组成，且主要采用兼职授课的形式，有的高校对该课程的评价直接选为"不评价"。有的高校的课程评价体系，因没有明确的职业规划课程督导，领导评价、督导评价项目被忽略，直接以学生评价作为 100% 的权重，以至于和其他课程的评价主体不统一。

（三）教学主体单一，协同主体不清晰

高校职业生涯规划课程是一个系统工程，但由于此类课程在国内高校正式执行的时间不长，相关的专业学科整体缺乏，以致教学师资建设不足。同时，受"职业生涯规划教育和学生的就业相关"这一传统观念的影响，高校的职业生涯规划课程教学以完成任务为导向。因此，不少高校的职业生涯规划课程教学主体单一，以理论讲授和就业指导类活动为主要形式，使得本应多方协同、互相融合的思想政治教育、专业教育、实践教学都自成体系，游离在外，没有形成教育教学合力。近几年，随着课程思政从上到下的大力推行，高校在合力育人方面取得了良好的成效。有鉴于此，高校应调动学校领导层、管理层以及全体教师的积极性，共同助力学生职业技能和核心素养的培养。

五、政策体系不完善

（一）政策持续性不足

《关于推动现代职业教育高质量发展的意见》第21条指出："强化制度保障。加快修订职业教育法，地方结合实际制定修订有关地方性法规。健全政府投入为主、多渠道筹集职业教育经费的体制。优化支出结构，新增教育经费向职业教育倾斜。严禁以学费、社会服务收入冲抵生均拨款，探索建立基于专业大类的职业教育差异化生均拨款制度。"

从高校的大学生职业生涯规划教育情况来看，尽管各高校根据要求设置了相应学分的课程（"大学生职业生涯规划""就业指导""创新创业"），开展了形式不一的职业生涯规划教育，但是政策缺乏持续性。职业生涯规划教育是一项长期的、隐性的促进学生成长的工程，在成效的可量化、可视化方面很难短期呈现。2015年，在"双创"政策的引导下，各高校重点开展创新创业工作，职业生涯规划教育相对遇冷。

（二）校企联动机制不畅

《关于推动现代职业教育高质量发展的意见》第12条指出："优化校企合作政策环境。各地要把促进企业参与校企合作、培养技术技能人才作为产业发展规划、产业激励政策、乡村振兴规划制定的重要内容，对产教融合型企业给予'金融＋财政＋土地＋信用'组合式激励，按规定落实相关税费政策。工业和信息化部门要把企业参与校企合作的情况，作为各类示范企业评选的重要参考。教育、人力资源社会保障部门要把校企合作成效作为评价职业学校办学质量的重要内容。国有资产监督管理机构要支持企业参与和举办职业教育。鼓励金融机构依法依规为校企合作提供相关信贷和融资支持。积极探索职业学校实习生参加工伤保险办法。加快发展职业学校学生实习实训责任保险和人身意外伤害保险，鼓励保险公司对现代学徒制、企业新型学徒制保险专门确定费率。职业学校通过校企合作、技术服务、社会培训、自办企业等所得收入，可按一定比例作为绩效工资来源。"

校企联动是大学生职业生涯规划教育的有效探索模式，但在操作层面，校企联动还浮于表面。企业需要新技术、新市场赋能，高校大学生还处在培养阶段，短期内很难给某一企业带来直接的经济效益，但从长期来看，大学生是社会发展建设的生力军。尤其是应用型高校，直接面向地方，培养的高素质人才对当地企业的发展有较大的推动作用。高校作为人才培养的主体，要积极、主动联系企业，寻找共赢点。高校要出台政策，鼓励教师尤其是青年教师从事应用研究，带领学生"真枪实弹"地研习，为企业改革提供建议。政府可以通过政策引导，牵线搭桥，促进高校和企业的联动。

（三）需求调研重视不够

个体的职业发展是一个长期的过程，因此职业生涯教育也不是某一阶段的特定事件。在大中小学各学段开展职业生涯规划教育并推动形成一体化的教育体系已成为国际共识。当前，我国高校对职业生涯规划教育的需求调研不足，学情分析不够。尽管个体成长过程中对事物的认知存在差异，但普遍呈现明显的阶段性特征，大中小学一体化职业生涯规划教育体系的构建需要协同推进。《关于推动现代职业教育高质量发展的意见》第6条指出："促进不同类型教育横向融通。加强各学段普通教育与职业教育渗透融通，在普通中小学实施职业启蒙教育，培养掌握技能的兴趣爱好和职业生涯规划的意识能力。探索发展以专项技能培养为主的特色综合高中。推动中等职业学校与普通高中、高等职业学校与应用型大学课程互选、学分互认。鼓励职业学校开展补贴性培训和市场化社会培训。制定国家资历框架，建设职业教育国家学分银行，实现各类学习成果的认证、积累和转换，加快构建服务全民终身学习的教育体系。"

第四节　我国高校职业生涯规划教育的发展趋势

一、理论指导转向本土化

我国高等教育进入普及化阶段，"人民日益增长的接受良好教育的需求"具体表现为"个性化教育的需要""实现全面发展的需要"，这正是职业生涯规划教育本土化的时代语境。

我国职业生涯规划教育的初心是解决"培养什么人""怎么培养人"即"如何实现人的全面发展"问题。个人的职业价值观和社会的政治制度、经济形势是密不可分的。我们的教育体系从小学、中学到大学对学生的价值引导是一贯的，根植爱国主义情怀，引导学生把个人小我发展的"小逻辑"融入社会大我发展的"大逻辑"。在职业生涯规划教育中要充分挖掘课程思政元素，在春风化雨中指引学生坚定理想信念，树立正确的职业价值观。

2021年10月，中共中央办公厅、国务院办公厅印发《关于推动现代职业教育高质量发展的意见》，要求"以习近平新时代中国特色社会主义思想为指导，深入贯彻党的十九大和十九届二中、三中、四中、五中全会精神，坚持党的领导，坚持正确办学方向，坚持立德树人，优化类型定位，深入推进育人方式、办学模式、管理体制、保障机制改革，切实增强职业教育适应性，加快构建现代职业教育体系，建设技能型社会，弘扬工匠精神，培养更多高素质技术技能人才、能工巧匠、大国工匠，为全面建设社会主义现代化国家提供有力人才和技能支撑"。

二、队伍建设转向专业化

（一）校内职业生涯规划教学师资培训成常态

职业生涯规划教育的开展要求教师具备宽广的知识储备、娴熟的教学技能，掌握心理咨询、职业发展、人才测评等方面的专业知识。但是各高校的职业生涯规划课程教学队伍中，真正具有心理学、应用心理学、社会学、人力资源管理和职业指导理论等专业背景的教师很少。针对这一情况，高校可选派教师参加职业生涯规划教育轮训，鼓励教师到企业、人才交流中心等相关部门和岗位挂职锻炼，提高实践教学能力。

（二）职业生涯规划教育教学组织建设更规范

经过几年的探索，高校职业生涯规划教育教学组织建设日趋规范，通过成立课程教研室、组织集体备课会、开展课程研讨活动、举办教学创新大赛等，切实发挥基层教学组织应有的作用；通过案例讲解、教学互动、学情分析、教学反思，让教学研讨真正落地，有效提升了课程教学质量。很多高校建立了职业生涯规划工作室，推出职业生涯咨询预约制，鼓励更多的教师与学生面对面交流。

（三）校外职业生涯规划教学培训机构更成熟

为加强高校就业指导队伍专业化和职业化建设，提高就业指导教师的职业生涯规划授课技能，更好地服务大学生就业与职业发展，一批校外职业生涯培训机构应运而生并迅速发展。例如，上海向阳生涯企业管理咨询有限公司由中国职业生涯规划师协会会长洪向阳老师在 2002 年创立，专注于职业生涯规划与生涯教育。2004 年 5 月，受上海市政府有关部门委托，上海向阳生涯企业管理咨询有限公司组织了一批国内外专业的专家团队，研发构建了中国高水准的高级职业生涯规划师（CCDM）资格认证培训体系，并面向全国招生，培养了一批又一批专业的职业生涯规划师。北森生涯（北京）教育科技有限公司成立于 2002 年，截至 2023 年，累计培养学员 1200 万人。其开发的职业测评系统进入多所高校，让学生对个人的职业兴趣、职业方向、自我认知有了更系统全面的参照。

❖ 知识拓展

2022 年高校职业生涯咨询特色工作室名单 [①]

序号	单位名称	工作室名称	负责人
1	北京交通大学	职点工作室	张 博
2	首都师范大学	首都师范大学"C 立方"就业工作室	臧 强
3	大连海事大学	"育鲲成鹏"职业生涯咨询工作室	胥佳明
4	东北师范大学	"生芽"大学生职业生涯发展咨询室	孔洁珺
5	哈尔滨工业大学	哈尔滨工业大学职业辅导咨询工作室	王 芳
6	南京航空航天大学	南京航空航天大学"生涯驿站"	王 霄
7	扬州大学	"职升机"职业生涯咨询工作室	陈轶群
8	浙江师范大学	七彩人生职业发展工作室	祝伟华
9	金华职业技术学院	四叶草生涯咨询工作室	戴 艳
10	华东交通大学	职业生涯咨询工作室	王 彤
11	河南大学	河南大学就业创业咨询与指导工作室	李从国
12	华中科技大学	"喻见"职业生涯咨询工作室	敬鹏飞
13	武汉理工大学	远航职业发展咨询室	石 琳
14	湖南大学	"启航"生涯咨询工作室	陈义红
15	华南师范大学	幸福生涯工作室	李卫东
16	广东工业大学	晓业咨询室	李镇贤
17	重庆大学	重庆大学生涯发展咨询工作室	陈 兰

---

① 2022 年 7 月 5 日，教育部学生服务与素质发展中心发布《关于加强 2022 年高校职业生涯咨询特色工作室建设工作的通知》，确定北京交通大学"职点工作室"等 21 个工作室为 2022 年高校职业生涯咨询特色工作室立项项目。

序号	单位名称	工作室名称	负责人
18	四川大学	四川大学闪光青年工作室	刘若冰
19	西南石油大学	"梦溪"职业生涯发展咨询工作室	张　敏
20	昆明理工大学	"不负卿春"职业生涯咨询工作室	洪　云
21	云南师范大学	彩虹生涯工作室	李　红

三、课程体系转向全程化

（一）从纵向看，职业生涯规划课程前置到中学

2021 年 10 月，中共中央办公厅、国务院办公厅印发《关于推动现代职业教育高质量发展的意见》，第 10 条提出："推进不同层次职业教育纵向贯通。大力提升中等职业教育办学质量，优化布局结构，实施中等职业学校办学条件达标工程，采取合并、合作、托管、集团办学等措施，建设一批优秀中等职业学校和优质专业，注重为高等职业教育输送具有扎实技术技能基础和合格文化基础的生源。支持有条件的中等职业学校根据当地经济社会发展需要试办社区学院。推进高等职业教育提质培优，实施好'双高计划'，集中力量建设一批高水平高等职业学校和专业。稳步发展职业本科教育，高标准建设职业本科学校和专业，保持职业教育办学方向不变、培养模式不变、特色发展不变。一体化设计职业教育人才培养体系，推动各层次职业教育专业设置、培养目标、课程体系、培养方案衔接，支持在培养周期长、技能要求高的专业领域实施长学制培养。鼓励应用型本科学校开展职业本科教育。按照专业大致对口原则，指导应用型本科学校、职业本科学校吸引更多中高职毕业生报考。"

新高考改革背景下，学生在中学阶段接受职业生涯规划教育更加普遍。2015 年 5 月，浙江省教育厅发布《关于加强普通高中学生生涯规划教育的指导意见》。2021 年 8 月，宁波市教育局成立了宁波市中小学生

成长指导中心，出台了《关于加强新时代中小学生成长指导工作的实施意见》，旨在打造具有辨识度的学生成长指导"宁波模式"。2022年6月，宁波市教育局创新推出"宁波学生成长服务指导平台"，提供覆盖学生成长全生命周期的一站式公益服务。该平台集高一选课、志愿查询、职业心理测试等功能于一体，实实在在帮助学生解决困难，得到了老师、学生、家长的好评。平台致力于推动学生成长指导服务的个性化供给，呈现成长指导服务新样态，帮助每个孩子找寻适合的成长路径。《中国教育报》、新华网等多家媒体报道了宁波市学生成长服务指导平台的实践。宁波学生成长服务指导平台的开设，是政府主导、家校社协同的有益探索，是促进学生全面发展，培养担当民族复兴大任的时代新人的落地措施。2022年11月，宁波市教育科学研究所、宁波市中小学生成长指导中心联合上海市教育科学研究院德育发展研究院，举办宁波市中小学生成长指导体系构建论坛，围绕学生成长指导具体工作内容、如何打造专业过硬的导师队伍以及探索成长指导覆盖学生全生命周期的具体路径等话题展开对话交流。

（二）从横向看，高校生涯规划教育体现为"普及化＋模块化＋个性化"

首先，理论知识普及化。目前，江苏、浙江等地的多所高校，都面向大一新生开设必修课程"职业生涯规划与创新创业"，将知识的传承和价值的引领有效结合，塑造学生品格，培养学生的职业责任感与使命感，帮助学生确立个人的成长成才与祖国的发展紧密相结合的价值取向。

其次，平台建设模块化。从毕业后的目标需求来看，有的学生想通过国内考研或者国际升学继续深造，有的学生想创业，有的学生想直接就业。不少高校根据学生多元化发展需求，建立模块化辅导平台，如考研沙龙、求职实验室、特色创业班等。

最后，咨询方式个性化。不少高校开设职业生涯规划咨询平台，建立预约机制，满足学生的个性化需求。学生个体存在认知差异、情绪差异、生理差异、社会差异等，学生个体的职业兴趣、职业技能、核心素养也存在差异，高校要提供差异化的教学平台、实施差异化的教学，促进差异化的发展。

四、支撑体系转向全方位

职业生涯规划教育是一项系统工程，需要多方进行协同配合和支持。大学毫无疑问是整个学校教育系统的终端，与职业世界关系密切。无论是本科毕业后直接走上工作岗位，还是研究生毕业后走上工作岗位，职业都是连接高校与社会的纽带。高校职业生涯规划教育，是一项需要政府部门政策引导、各类学校落实主抓、家庭与社会协同推进的系统工程。

（一）组织保障趋向权责清晰、层次分明

我国职业生涯规划教育的实施既有自上而下的推力，又有新高考改革、就业形势严峻的倒逼。学校必须把职业生涯规划教育放在重要位置，构建权责清晰、层次分明、多方协同的支撑体系，形成"校领导主抓，专门机构实施，多部门协同"的职业生涯规划教育组织保障体系。在制度上，制定学校职业生涯规划教育工作方案、成立职业生涯规划教育领导小组、明确职业生涯规划教育教学机构、落实常态化职业生涯规划教育研讨机制。在教学上，调研大学生职业生涯规划意识和不同年级的学生需求，制定教学大纲、组织教研活动、研讨教学设计，通过教学互动、教学反思不断优化教学设计方案，提升教学成效。

（二）校园活动成为职业生涯规划教育的有效延展

职业生涯规划教育课程特征决定了对大学生的职业生涯规划教育不

能固定于"课堂教学的 45 分钟",而要联动第一课堂和第二课堂,充分利用第二课堂的灵活性和学科融合性。在第一课堂的职业价值观、职业兴趣、职业环境探索等理论知识点的学习之外,积极拓展第二课堂,启发学生成长。校园活动、学科竞赛是第二课堂的重要组成部分。校园活动是培养学生的团队能力、组织能力、沟通协调能力的有效平台,其沉浸式的锻炼方式,既给学生压担子又实实在在地提升了学生的实践能力。学科竞赛作为大学生实践能力、创新能力、创新精神培养的重要途径,是高校学风建设的"催化剂",是教学改革的"试验田"。例如,职业生涯规划大赛、创新创业大赛等各类学科竞赛,既有较强的实用性,又能反映学科前沿的先进性。高校通过制度建设、经费投入、软硬件配套等方面的保障措施鼓励更多的学生积极参赛。在每一次的备赛、比赛中,学生通过组建参赛团队、打磨参赛作品、体验赛事现场氛围、观摩优秀作品、总结比赛经验,切身体会精益求精的职业精神,并能从中发现行业痛点,找到创意点,从而把创新精神培育落到实处。此外,在第二课堂中,学校还可以通过引导学生积极参加志愿服务活动,培养学生的社会责任感、使命感。

(三)在专业课程教学中有机融入职业生涯规划引导

专业课程学习是学生走向职业生涯的重要环节。专业知识的案例讲解、行业企业走访调研、实践平台的实习实训等,能帮助学生深入细致地了解行业实况,培养工匠精神。

五、政策体系转向持续化

(一)构建多主体协同机制已经成为共识

综观国内外高校职业生涯规划教育成功案例,政府部门都在其中发挥重要的引导作用。2019 年,国务院印发《国家职业教育改革实施方案》，指出要完善高层次应用型人才培养体系，"促进产教融合校企'双元'育人"。其中，"校企共同研究制定人才培养方案，及时将新技术、新工艺、新规范纳入教学标准和教学内容，强化学生实习实训"等具体要求进一步明确了校企如何协同。在日常的校企合作推进中，因需求点不同，企业的积极性往往不高。《国家职业教育改革实施方案》指出，"建立产教融合型企业认证制度，对进入目录的产教融合型企业给予'金融＋财政＋土地＋信用'的组合式激励，并按规定落实相关税收政策"，这无疑是一项利好校企合作的政策。应用型高校要抓住政策契机，挖掘学校的优势，拓展企业资源，深化校企合作。

（二）一体化职业生涯规划教育逐步形成

教育发生于当下，作用于未来，即用先进教育技术培养适应未来社会发展的"未来人才"。基础教育阶段是学生世界观、人生观、价值观形成的重要时期，开启职业生涯启蒙教育，前移职业教育观念，培育"干一行、爱一行"的职业精神，既有必要性又有可行性。2011年4月，北京师范大学附属实验中学成立了"生涯发展与教育研究中心"，这是国内第一家设立在中学、定位于人生规划教育的研究机构。部分地区出台了相关政策，如2018年、2019年，上海和青岛分别出台加强中小学生涯教育的政策文件。2014年，国务院发布《关于深化考试招生制度改革的实施意见》，适应高考志愿填报的现实需要，掀开高中学校职业生涯规划教育新篇章。2019年发布的《国家职业教育改革实施方案》指出，要鼓励中等职业学校联合中小学开展劳动教育和职业启蒙教育。2021年8月，宁波市教育局成立了宁波市中小学生成长指导中心，出台了《关于加强新时代中小学生成长指导工作的实施意见》。开展宁波市教育科学规划"学生成长指导"专项课题，确定重点课程20项、一般课题40项，课题负责人来自宁波市各中小学、各高校，是对大中小学一体化教育机制构建的有力推动。

◇◇ 知识拓展

关于深化现代职业教育体系建设改革的意见 [①]

为深入贯彻落实党中央关于职业教育工作的决策部署和习近平总书记有关重要指示批示精神，持续推进现代职业教育体系建设改革，优化职业教育类型定位，现提出如下意见。

一、总体要求

1.指导思想。以习近平新时代中国特色社会主义思想为指导，深入贯彻党的二十大精神，坚持和加强党对职业教育工作的全面领导，把推动现代职业教育高质量发展摆在更加突出的位置，坚持服务学生全面发展和经济社会发展，以提升职业学校关键能力为基础，以深化产教融合为重点，以推动职普融通为关键，以科教融汇为新方向，充分调动各方面积极性，统筹职业教育、高等教育、继续教育协同创新，有序有效推进现代职业教育体系建设改革，切实提高职业教育的质量、适应性和吸引力，培养更多高素质技术技能人才、能工巧匠、大国工匠，为加快建设教育强国、科技强国、人才强国奠定坚实基础。

2.改革方向。深化职业教育供给侧结构性改革，坚持以人为本、能力为重、质量为要、守正创新，建立健全多形式衔接、多通道成长、可持续发展的梯度职业教育和培训体系，推动职普协调发展、相互融通，让不同禀赋和需要的学生能够多次选择、多样化成才；坚持以教促产、以产助教、产教融合、产学合作，延伸教育链、服务产业链、支撑供应链、打造人才链、提升价值链，推动形成同市

---

① 2022年12月，中共中央办公厅、国务院办公厅印发《关于深化现代职业教育体系建设改革的意见》。该意见共14条，是党的二十大后，党中央、国务院部署教育改革工作的首个指导性文件。

场需求相适应、同产业结构相匹配的现代职业教育结构和区域布局。构建央地互动、区域联动，政府、行业、企业、学校协同的发展机制，鼓励支持省（自治区、直辖市）和重点行业结合自身特点和优势，在现代职业教育体系建设改革上先行先试、率先突破、示范引领，形成制度供给充分、条件保障有力、产教深度融合的良好生态。

二、战略任务

3. 探索省域现代职业教育体系建设新模式。围绕深入实施区域协调发展战略、区域重大战略等和全面推进乡村振兴，国家主导推动、地方创新实施，选择有迫切需要、条件基础和改革探索意愿的省（自治区、直辖市），建立现代职业教育体系建设部省协同推进机制，在职业学校关键能力建设、产教融合、职普融通、投入机制、制度创新、国际交流合作等方面改革突破，制定支持职业教育的金融、财政、土地、信用、就业和收入分配等激励政策的具体举措，形成有利于职业教育发展的制度环境和生态，形成一批可复制、可推广的新经验新范式。

4. 打造市域产教联合体。省级政府以产业园区为基础，打造兼具人才培养、创新创业、促进产业经济高质量发展功能的市域产教联合体。成立政府、企业、学校、科研机构等多方参与的理事会，实行实体化运作，集聚资金、技术、人才、政策等要素，有效推动各类主体深度参与职业学校专业规划、人才培养规格确定、课程开发、师资队伍建设，共商培养方案、共组教学团队、共建教学资源，共同实施学业考核评价，推进教学改革，提升技术技能人才培养质量；搭建人才供需信息平台，推行产业规划和人才需求发布制度，引导职业学校紧贴市场和就业形势，完善职业教育专业动态调整机制，促进专业布局与当地产业结构紧密对接；建设共性技术服务平台，打通科研开发、技术创新、成果转移链条，为园区企业提供技术咨询与服务，促进中小企业技术创新、产品升级。

5. 打造行业产教融合共同体。优先选择新一代信息技术产业、高档数控机床和机器人、高端仪器、航空航天装备、船舶与海洋工程装备、先进轨道交通装备、能源电子、节能与新能源汽车、电力装备、农机装备、新材料、生物医药及高性能医疗器械等重点行业和重点领域，支持龙头企业和高水平高等学校、职业学校牵头，组建学校、科研机构、上下游企业等共同参与的跨区域产教融合共同体，汇聚产教资源，制定教学评价标准，开发专业核心课程与实践能力项目，研制推广教学装备；依据产业链分工对人才类型、层次、结构的要求，实行校企联合招生，开展委托培养、订单培养和学徒制培养，面向行业企业员工开展岗前培训、岗位培训和继续教育，为行业提供稳定的人力资源；建设技术创新中心，支撑高素质技术技能人才培养，服务行业企业技术改造、工艺改进、产品升级。

三、重点工作

6. 提升职业学校关键办学能力。优先在现代制造业、现代服务业、现代农业等专业领域，组织知名专家、业界精英和优秀教师，打造一批核心课程、优质教材、教师团队、实践项目，及时把新方法、新技术、新工艺、新标准引入教育教学实践。做大做强国家职业教育智慧教育平台，建设职业教育专业教学资源库、精品在线开放课程、虚拟仿真实训基地等重点项目，扩大优质资源共享，推动教育教学与评价方式变革。面向新业态、新职业、新岗位，广泛开展技术技能培训，服务全民终身学习和技能型社会建设。

7. 加强"双师型"教师队伍建设。加强师德师风建设，切实提升教师思想政治素质和职业道德水平。依托龙头企业和高水平高等学校建设一批国家级职业教育"双师型"教师培养培训基地，开发职业教育师资培养课程体系，开展定制化、个性化培养培训。实施职业学校教师学历提升行动，开展职业学校教师专业学位研究生定向培养。实施职业学校名师（名匠）名校长培养计划。设置灵活的用人机制，采取固定岗与流动岗相结合的方式，支持职业学校公开招聘行业企业业务骨干、优秀技术和管理人才任教；设立一批产业导师特聘岗，按规定聘请企业工程技术人员、高技能人才、管理人员、能工巧匠等，采取兼职任教、合作研究、参与项目等方式到校工作。

8. 建设开放型区域产教融合实践中心。对标产业发展前沿，建设集实践教学、社会培训、真实生产和技术服务功能为一体的开放型区域产教融合实践中心。以政府主导、多渠道筹措资金的方式，新建一批公共实践中心；通过政府购买服务、金融支持等方式，推动企业特别是中小企业、园区提高生产实践资源整合能力，支持一批企业实践中心；鼓励学校、企业以"校中厂""厂中校"的方式共建一批实践中心，服务职业学校学生实习实训，企业员工培训、产品中试、工艺改进、技术研发等。政府投入的保持公益属性，建在企业的按规定享受教育用地、公用事业费等优惠。

9. 拓宽学生成长成才通道。以中等职业学校为基础、高职专科为主体、职业本科为牵引，建设一批符合经济社会发展和技术技能人才培养需要的高水平职业学校和专业；探索发展综合高中，支持技工学校教育改革发展。支持优质中等职业学校与高等职业学校联合开展五年一贯制办学，开展中等职业教育与职业本科教育衔接培养。完善职教高考制度，健全"文化素质＋职业技能"考试招生办法，扩大应用型本科学校在职教高考中的招生规模，招生计划由各地在国家核定的年度招生规模中统筹安排。完善本科学校招收具有工作经历的职业学校毕业生的办法。根据职业学校学生特点，完善专升本考试办法和培养方式，支持高水平本科学校参与职业教育改革，推进职普融通、协调发展。

10. 创新国际交流与合作机制。持续办好世界职业技术教育发展大会和世界职业院校技能大赛，推动成立世界职业技术教育发展联盟。立足区域优势、发展战略、支柱产业和人才需求，打造职业教育国际合作平台。教随产出、产教同行，建设一批高水平国际化的职业学校，推出一批具有国际影响力的专业标准、课程标准，开发一批教学资源、教学设备。打造职业教育国际品牌，推进专业化、模块化发展，健全标准规范、创新运维机制；推广"中文＋职业技能"项目，服务国际产能合作和中国企业走出去，培养国际化人才和中资企业急需的本土技术技能人才，提升中国职业教育的国际影响力。

四、组织实施

11. 加强党的全面领导。坚持把党的领导贯彻到现代职业教育体系建设改革全过程各方面，全面贯彻党的教育方针，坚持社会主义办学方向，落实立德树人根本任务。各级党委和政府要将发展职业教育纳入本地区国民经济和社会发展规划，与促进就业创业和推动发展方式转变、产业结构调整、技术优化升级等整体部署、统筹实施，并作为考核下一级政府履行教育职责的重要内容。职业学校党组织要把抓好党建工作作为办学治校的基本功，落实公办职业学校党组织领导的校长负责制，增强民办职业学校党组织的政治功能和组织功能。深入推进习近平新时代中国特色社会主义思想进教材、进课堂、进学生头脑，牢牢把握学校意识形态工作领导权，把思想政治工作贯穿学校教育管理全过程，大力培育和践行社会主义核心价值观，健全德技并修、工学结合的育人机制，努力培养德智体美劳全面发展的社会主义建设者和接班人。

12. 建立组织协调机制。完善国务院职业教育工作部际联席会议制度，建设集聚教育、科技、产业、经济和社会领域知名专家学者和经营管理者的咨询组织，承担职业教育政策咨询、标准研制、项目论证等工作。教育部牵头建立统筹协调推进机制，会同相关部门推动行业企业积极参与。省级党委和政府制定人才需求、产业发展和政策支持"三张清单"，健全落实机制。支持地方建立职业教育与培训管理机构，整合相关职能，统筹职业教育改革发展。

13. 强化政策扶持。探索地方政府和社会力量支持职业教育发展投入新机制，吸引社会资本、产业资金投入，按照公益性原则，支持职业教育重大建设和改革项目。将符合条件的职业教育项目纳入地方政府专项债券、预算内投资等的支持范围。鼓励金融机构提供金融服务支持发展职业教育。探索建立基于专业大类的职业教育差异化生均拨款制度。地方政府可以参照同级同类公办学校生均经费等相关经费标准和支持政策，对非营利性民办职业学校给予适当补助。完善中等职业学校学生资助办法，建立符合中等职业学校多样化发展要求的成本分担机制。用人单位不得设置妨碍职业学校毕业生平等就业、公平竞争的报考、录用、聘用条件。支持地方深化收入分配制度改革，提高生产服务一线技术技能人才工资收入水平。

14. 营造良好氛围。及时总结各地推进现代职业教育体系建设改革的典型经验，做好有关宣传报道，营造全社会充分了解、积极支持、主动参与职业教育的良好氛围。办好职业教育活动周，利用"五一"国际劳动节、教师节等重要节日加大对职业教育的宣传力度，挖掘和宣传基层一线技术技能人才成长成才的典型事迹。树立结果导向的评价方向，对优秀的职业学校、校长、教师、学生和技术技能人才按照国家有关规定给予表彰奖励，弘扬劳动光荣、技能宝贵、创造伟大的时代风尚。

CHAPTER 4

第四章

应用型高校融合式职业生涯规划教育的多维探索

第一节 职业生涯规划教育与思想政治教育的融合

一、职业生涯规划教育与思想政治教育融合的必要性

（一）职业生涯规划教育使得思想政治教育目标显性化，促进构建"大思政"

高校要指引大学生形成正确的职业价值观，把个人小我发展融入社会大我，切实落实高校"立德树人"的根本任务。在职业价值观视域下把高校职业生涯规划教育和思想政治教育相融合，一是要区分社会主义核心价值观理论背景与西方职业生涯规划理论崇尚"价值中立"的本质区别，牢记社会主义核心价值观在个人层面的具体体现——"爱国、敬业、诚信、友善"，从根本上解决思想认知的问题。二是要引导青年学生确立"甘于奉献"的使命担当，形成"精益求精"的工匠精神、"敢闯敢拼"的创新精神。个体的职业生涯规划要以社会发展目标为参照，融入"大思政"的课程建设体系。高校的职业生涯规划教育要把爱国、敬业、诚信、友善的社会主义核心价值观融入具体的教学情境，使青年学生的使命担当具体化。

（二）职业生涯规划教育融合思想政治教育，强化价值引领，促进树立"大情怀"

人的发展主要通过人的职业发展来体现，社会的发展亦通过社会分工和职业发展来实现。[①] 概括而言，个人的职业发展必须和社会整体发展趋势相一致，使得发展的途径更顺畅，职业价值实现更可行。树立正确的职业价值观是职业生涯规划教育的关键，犹如给予小船航行的方向；思

---

① 李婵.浅析思想政治教育在大学生职业生涯规划中的功能[J].青年文学家，2011（20）：183–184.

想政治教育首先要回答的是"培养什么人"的问题，把握的是人才培养的方向问题，两者的育人内涵一致。随着时代的变迁，我国青年学生的职业价值观也在发生变化。当前，受诸多因素影响，价值观输入呈现多元化、多样性，高校毕业生在求职过程中存在功利主义倾向。如何加强正确的职业价值观引导，培养大学生的职业能力，是高校要深入探索的"如何培养人"的问题。高校要充分利用各种资源，强化对大学生人生观、世界观和价值观的正向引导，使大学生实现全面发展。

（三）职业生涯规划教育融合思想政治教育，提升抗挫能力，促进青年学生"讲担当"

高校毕业生"就业难"和用人单位"用工荒"的同时存在，折射出高校职业生涯规划教育的不足。大学生热衷于寻求一份"好工作"，忽视了对"适合自己的工作""能为社会做的工作"的认知和准备，偏离了个人价值和社会发展相统一的价值取向。麦可思研究院发布的 2019 年中国大学生就业报告显示，2018 届大学毕业生半年内的离职率为 33%，并且这一现象持续了 5 年。[①] 个人发展空间不够、工作约束多、薪资福利偏低都是主要的离职原因。大学生对工作的期望值和现实感受差距较大，对工作的满意度低。

抗挫能力指一个人面对逆境时的处理能力。抗挫能力如同个体的心理免疫系统，保护自己免受困难与挫折的侵蚀，以勇气与智慧去探索未知的世界。较长一段时间以来，青年学生尤其是独生子女在家庭生活环境中接受表扬多、受挫折少，在学习环境中学业任务重、抗挫教育少。总体来看，学生抗挫能力较弱。因此，高校要在大学生职业生涯规划教育中有效结合思想政治教育，磨炼学生的意志，增强学生的担当意识。

---

① 钟颖顺，盘家玮，陈溢钦.EAP+"朋辈"心理咨询模式降低 90 后员工离职率的模式创新研究 [J]. 中国商论，2021（9）：120–125.

青年学生的价值取向决定了未来整个社会的价值取向。新时代的大学生只有胸怀爱国爱民之情，勇于作为、敢于担当，才能准确定位自己的人生目标和奋斗方向。根据马克思主义的实践观，思想源于实践又指导实践，理性审视大学生职业价值观和高校思想政治教育一致的育人内涵，有利于落实思想政治教育的举措、掌握职业生涯规划教育课程的话语权，提升高校大学生职业价值观教育的效果，实现"立德树人"的根本任务。

二、职业生涯规划教育与思想政治教育融合的路径

大学生思想政治教育和职业价值观教育的融合，客观上延伸了思想政治教育研究的领域和空间，拓展了思想政治教育的视野与思路。[①]

（一）挖掘职业生涯规划课程思政元素，与思政课程互通育人方法

高校是高素质人才培养的主阵地，职业生涯规划课程蕴含丰富的育人元素。根据职业生涯规划课程特点，可以深入挖掘提炼其所蕴含的德育元素和承载的德育功能，加强显性教育和隐性教育的融合，促进大学生自我实现、自我成长。人的自我实现是从个体的角度来理解社会发展的目的，体现的是个人自我选择、自我发展和自我完善，这正是职业生涯规划课程所追求的核心价值。在课堂教学中，要把社会主义核心价值观融入学生个人的职业价值观，让知识传授的过程浸润人类情感的传递，变单一的知识教化为知情结合的传授，从而增强学生的责任意识与担当意识，在学生心中根植家国情怀。

典型案例不仅能够弘扬正能量，更能调动学生的学习兴趣、开发学生的思维潜能、正确引导学生树立榜样。在融合式教学中，要用好鲜活的素材。教学素材来源于生活实践。如新冠疫情暴发后，引导学生对职

---

① 吴昊. 大学生职业生涯规划中的思想政治教育研究 [D]. 长春：吉林农业大学，2017.

业价值观进行探索：专家、医护人员、志愿者面对疫情逆行而上，屏幕上、生活中随处可见他们的身影，钟南山、李兰娟成为"全民偶像"，是什么让他们选择了坚守？通过榜样示范，使学生深度理解主流价值观，形成教师领头、学生投入，从上到下互相学习、从内到外践行落实的社会主义核心价值观学习体系。①

（二）连接教学第一课堂与校园文化第二课堂，拓展育人载体

职业生涯规划课程区别于讲授式的理论课程和操作式的实践课程，它更多地属于体验式活动，强调学习者的主动参与和体验。职业生涯规划教育不是"纯然"的知识教育，正确的职业价值观培养是其教育教学的主线。该课程特征决定了大学生的职业生涯规划教育不能固定于"课堂教学的45分钟"，而要联动第一课堂和第二课堂。即在第一课堂的职业价值观、职业兴趣相关理论讲解之外，以校园文化为基点，积极拓展学生社团、校园活动等载体。校园文化是学校物质文明与精神文明的综合体现，是高校育人的重要载体。它具有第一课堂不可替代的功能，也是高校思想政治教育的有效途径。校园文化是引导人、鼓舞人、激励人的一种内在动力，是学生学习、锻炼、感悟大学精神的重要载体。它就像空气一样弥漫在校园内，在潜移默化中影响着全校师生。青年志愿者活动是一项学生认可度高、反响好的校园文化活动。以服务社会为导向的志愿活动，有助于培养学生的社会责任感和使命感。

学科竞赛作为第二课堂的重要组成部分，是大学生实践能力、工匠精神培养的主要途径，是高校学风建设的"催化剂"，是教学改革的"试验田"。② 高校可以组织职业生涯规划大赛、创新创业大赛，鼓励学生团

---

① 张天华，柴伟强.大学生职业价值观培育的对策探析[J].辽宁工业大学学报（社会科学版），2020（3）：93-96.

② 李凤.正确处理学科竞赛九大关系：基于浙江省学科竞赛的推进模式与成功实践[J].浙江万里学院学报，2018（3）：84-87.

队参加。在一次次的备赛、比赛中，学生通过组建参赛团队、打磨参赛作品、体验赛事现场氛围、观摩优秀作品、总结比赛经验，切身体会工匠精神、创新精神。

（三）理论引导和实践锻炼相结合，提升学生的应变力和抗挫力

快速发展的社会，信息瞬息万变。也许进入大学时所选的热门专业，在大学毕业之际就业饱和度已经很高。职业生涯规划教育是面向未来的教育，思想政治教育追求的效果不是短时的而是长久、持续的，因此，培养和提升学生的应变能力、抗挫能力，是授学生以"渔"。学生的应变能力和抗挫能力的培养需要精心设计、用心引导、大胆放手。要运用思政课程的主阵地，引导学生正确认识挫折、应对挫折。通过职业生涯规划课程，以案例式教学讲述身边的故事、行业的榜样。很多学生对于"失败是成功之母"这句话耳熟能详，但是缺乏切身体会。因此，高校在邀请校友分享创业经历的时候，不妨请校友讲一讲失败的过程以及面对失败时是怎么想的、怎么做的。在理论引导和情景设置的同时，要注重和实际相结合，充分发挥第二课堂的作用，鼓励学生组织、参与校园活动，如文体比赛、学科竞赛等。学生在参赛中磨炼了意志，增强了抗挫能力，并能正确认识理想与现实的距离。

三、课堂融合式职业生涯规划教育案例：浙江万里学院

应用型高校职业生涯规划教育和思想政治教育融合的代表性模式为课堂融合式，本部分以浙江万里学院为实际案例进行具体介绍。浙江万里学院是一所具有 70 多年办学历史的省属普通本科高校，地处浙江宁波。1999 年，经教育部批准成为"公办高校实行新的管理模式和运行机制"的新型高校，被教育专家誉为"中国特色现代大学制度的范例性实践"。2015 年，浙江万里学院被评为"浙江省应用型建设试点示范学校"。

浙江万里学院坚守应用型的办学定位、服务型的办学追求，弘扬"只要有1%的希望就要尽100%的努力"的大学精神，充分发挥体制机制的创新优势，以特色鲜明高水平应用型大学建设为目标。

（一）浙江万里学院职业生涯规划教育的探索历程

1. 第一阶段：纳入人才培养方案，以探索实践为主（2008—2011年）

这一阶段，浙江万里学院把"职业发展与规划"作为一门独立必修课，纳入各专业的人才培养方案。针对部分学生对专业认识不明确、学习兴趣不浓的现象，校团学组织牵头，以团队实践或者个人实践的方式开展暑期职业体验与访问活动，实践成绩作为学生公共素质拓展学分。实践内容包括进行职业测评、开展职业体验实践、完成标准化职业访谈、开展个人职业生涯规划并完成实践报告提交学籍子系统等一系列规定动作。

浙江万里学院注重以创业活动带动职业体验。2008年暑假，"暑期创业训练营"正式成为浙江万里学院暑期社会实践中的一项创业培训活动。"暑期创业训练营"培训内容分为3个模块：一是公共理论教学模块，指导学员初步了解创业基本知识并从创业者的角度来重新审视自我；二是素质拓展模块，采用军事化管理课程磨砺学员意志品质，培养其团队精神；三是最有特色的行业实践模块，联合宁波市外贸业、文化传媒业、会展业、教育咨询业等九大新型行业中的知名企业共同实施。2008年暑假，270名学员根据自己初定的创业方向分成9个行业小组，分别进驻宁波华博会议展览有限公司等11家知名企业，接受关于员工标准、产品标准、营销模式的培训和体验，并参与到企业的项目运作中，负责具体项目的策划，在实际体验中感受企业文化、体验创业艰辛、提升创业能力。"走进企业不仅仅是一种直观的体验，最重要的是让我们更加清晰地了解行业现状和前景，我将把项目策划作为自己的创业项目来做，让实际的市场来检验一下我的创业能力。"这是一位参加活动的方同学的真实感受。可喜的是，每一个参加训练营的学生都有所收获。[①]

2. 第二阶段：开展职业生涯规划周，第一、第二课堂融合机制逐步形成（2012—2019 年）

（1）出台教学方案，注重第一、第二课堂融合

作为地方应用型高校，浙江万里学院职业生涯规划教育存在起步晚、师资匮乏和专业教育黏合性不强等问题。2012 年，浙江万里学院重新出台教学方案，强调理论和实践相结合，以及学习者的主动参与和体验。课程教学团队在方案制定过程中，调研兄弟院校的开展情况、立足学校实际师资和学生需求，最终确定该课程以"职业生涯规划周"的形式，围绕"走进职业生涯规划""探索自我，认识自我""探索职业，分析环境""创新创业精神与就业技能"等主题开展教学。教学团队编制职业发展与规划考核手册，完整记录学生的参与过程。在职业生涯规划周，其他课程暂停授课。学院提供"菜单式讲座"，邀请部分企业老总、人力资源专员以及优秀校友进校，每年组织近 30 场讲座，确保每个学生都能根据自己的兴趣、爱好选择聆听相应讲座。

通过第二课堂，引导学生积极参加志愿服务活动、学科竞赛等，培养奉献精神、工匠精神和创新能力。浙江万里学院的"万里雷锋营"是深受学生喜爱、社会反响良好的志愿服务机构。从 2002 年创办至 2020 年，累计招收志愿者 5 万余名，每年坚持开展志愿服务 500 余次，积淀志愿服务品牌活动 30 余项，建立志愿服务基地 20 余个，2018 年被确立为浙江省高校实践育人示范载体。职业生涯规划的实践教育和志愿服务活动紧密相连、同向而行，两者互为促进。为了解学生参加青年志愿服务活动的总体感受，推动青年志愿服务活动的持续发展，笔者所负责的课题组特开展了"志愿服务，助力成长"问卷调查。问卷发出后，有 965 名 2021 级大一学生

---

① 浙江万里学院大学生体验创业之路 [EB/OL].（2008—09—05）[2022—10—30]. http://chuangye.cyol.com/content/2008—09/05/content_2347052.htm.

提交了问卷。从问卷结果来看，在参加志愿活动的数量上，入校近一年来，59.27% 的学生参加了 1 ～ 5 次，14.82% 的学生参加了 6 ～ 10 次，5.49% 的学生参加了 10 次以上。可以说，志愿服务活动在大学校园中已经蔚然成风。通过受访学生对志愿服务活动带给自己的收获进行 1—5 分制的评分，可以看到学生普遍认为志愿活动有助于自我成长和职业价值观的培育。超过 75% 的学生认为志愿服务活动能够增强奉献服务意识、责任感、幸福感、同理心，并丰富实践经验；近 70% 的学生在活动中结识了志同道合的朋友，对工匠精神有了更深刻的理解，并在与专业相关的活动中巩固了所学知识。

（2）借助媒体技术，促进线上线下教学融合

面对师资专业性不强、人员配备紧张的情况，浙江万里学院拓展学习资源，灵活采取线上教学方法。从 2017 级学生开始，引入线上尔雅课程，搭建理论知识学习平台。教学团队核心成员利用课余时间全面学习职业生涯规划尔雅课程，最终确定大学生职业生涯规划线上理论学习课程。线下组织教师进行师生专题讨论，由教师发布讨论主题，学生报名参加，统一在职业生涯规划周进行。在学习时间上，线上理论学习贯穿整个学期，线下讨论、讲座等活动集中在职业生涯规划周开展。线上理论学习和线下师生面对面研讨相结合，增强了学生的学习内动力。

线下活动注重学生主体性发挥，由辅导员兼任课老师带领学生策划活动方案。"写给毕业时的简历""模拟招聘""职来职往""创业金点子""学长沙龙"等活动跃然而出，学生在活动的策划、组织、参与过程中，不知不觉地提升了职业生涯规划意识，给大学四年定下学业目标。

3. 第三阶段：以目标为导向精准助力，拓展不同课程的教学融合（2020 年至今）

（1）细化学生需求，搭建精准助力平台

在常规课程开展的基础上，浙江万里学院通过一手数据调研了解学生

学业规划目标。在理论课程学习和相关活动开展后，让学生完成职业生涯规划的第一步：大学四年的学业规划。大学四年毕业时在高质量就业、国内升学、国际升学、创业、考公考编的"五元化目标"中进行初步选择，并以此数据为基础，讨论确定如何搭建平台，精准助力学生成长。目标是方向，从目标落实到行动则是提升职业生涯规划教学质量的一个关键点。

从 2020 级学生开始，浙江万里学院点对点了解学生四年后具体的学业目标，建立学生个人生涯规划档案，为开发五元化课程体系打好基础。表 4.1 是浙江万里学院 2020 级学生在大一学习职业生涯规划课程之后的意向选择。

表 4.1　浙江万里学院 2020 级学生毕业意向选择

	国内考研	国际升学	考公考编	高质量就业	创业	不清楚，没想过
人数 / 人	1709	187	377	884	374	278
占比 /%	44.9	4.9	9.9	23.2	9.8	7.3

注：问卷的有效填写人数为 3809 人。

根据 2021 级学生个人生涯规划成长档案，对 2021 级 4267 名学生进行调研统计，见表 4.2。

表 4.2　浙江万里学院 2021 级学生毕业意向选择

	国内考研	出国读研	考公考编	高质量就业	创业
人数 / 人	2419	168	514	863	303
占比 /%	56.7	3.9	12.0	20.2	7.1

注：问卷的有效填写人数为 4267 人。

根据学生数据调研可知，考研成为很多学生的首选目标，尤其是国内考研；选择就业的学生居第二；创业逐步成为浙江万里学院的一大特色。如何搭建更多精准的平台持续助力学生的成长，成为学校管理者、职业生涯规划教学团队的关注点。基于调研数据，遵循学生成长规律，充分考虑个体差异，浙江万里学院开发了五元化课程体系。

（2）强化顶层设计，建立职业生涯规划教育和五元化课程教学融合机制

专家组队遴选，校领导全程参与。浙江万里学院的领导非常重视五元化课程的建设工作，分管副校长全程关注，遴选答辩全场聆听。为系统推进浙江万里学院五元化人才培养特色工作，有规划、有体系、有组织地落实特色课程群建设，并保证课程群建设质量，由学校教务部牵头，从2021年初组织开展五元化课程申报、答辩遴选、课程群组建、课程选课等系列工作。五元化课程包括国内考研类、国际升学类、创业类、通用能力类、微专业类。2021年5月，经课程组申报、二级学院推荐、教务部遴选三个环节，确定了"考研数学""考研英语"等19个课程群为浙江万里学院五元化特色课程群。"浙江万里学院教务部"微信公众号的服务模块下有"五元化系列指南""五元化特色课程群"，点击进入后即可了解相关内容。

学分认定制度有保障，课程质量有效监控。浙江万里学院开设五元化课程的目的是培养具有交叉学科知识和技能的复合型人才，满足学生多样化、个性化发展需求，充分发挥学生的学习潜能，提高学生的创新创业能力，增强学生的社会适应能力和竞争能力。课程质量是教学的生命线，直接关系到人才培养的目标能否有效实现。浙江万里学院督导办在五元化课程方案实施后，对全校两个校区每个教学班进行听课，直观感受五元化课程的教学氛围，聆听师生需求，把脉教学质量。2022年1月，浙江万里学院教务部牵头组织开展五元化课程教学学生问卷调研。2022年5月，浙江万里学院教务部牵头组织五元化课程教学师生座谈会，由课程任课教师、学生、教学管理人员分别参加，倾听来自各方的心声，共同为完善五元化课程管理体系，提升五元化课程教学质量而努力。

在五元化课程的学分认定上，学院、学生有较高的自主权。根据教务部学分认定原则，五元化课程纳入专业人才培养方案，默认为学校公选

课。同时，学生可在获得该课程成绩后申请认定学校公选课、院系选修课、专业素质拓展选修课中的任一课程性质；是否允许认定为模块课程、基础课程，由各专业学院自主确定。可见学院和学生在五元化课程的学分认定上自主选择权较大，这充分考虑了不同学院的教学要求和不同学生的需求。

（3）做好职业生涯规划课程和专业课程的融合，加强师资建设

"职业"与"专业"既有联系又有区别，在对学生进行职业生涯规划教学的过程中，对专业、行业知识的介绍和分析是必不可少的，但是传统的职业生涯规划课程教师往往对专业、行业缺乏了解。为此，浙江万里学院在对2020级在校学生职业生涯规划教学情况进行调研时，设置了如下问题：您希望何人给您开展学业指导或规划？（多选）。从问卷结果可知，专业课程教师、基础课教师、校外行业专家位居前三，其中专业课教师更是位列榜首，是学生所期待的学业规划指导教师（见表4.3）。

表4.3　"您希望何人给您开展学业指导或规划"（多选）调查结果

选项	小计 / 人	占比 /%
基础课教师	2604	68.4
专业课程教师	2926	76.8
校外行业专家	2227	58.5
辅导员	1139	29.9
高年级优秀学长	1870	49.1
同年级优秀同学	1106	29.0
其他	19	0.5

注：问卷的有效填写人数为3809人。

浙江万里学院教学改革持续推进。经过研讨和调研，立足课程师资建设工作，在2022级学生的人才培养方案中，"职业发展与规划"课程开课单位调整为各专业学院，由专业课程任课教师、原职业生涯规划课程

任课教师共同组成教学团队。这有力促进了职业生涯规划教育和专业教育的融合，增强了职业生涯规划教育课程的师资力量。

（二）浙江万里学院职业生涯规划教育的成效

1. 学生学业目标更加清晰

（1）在教学理念上强调以学生为主体，发挥学生的主动性

"以学习者为中心"的大学生职业生涯规划教育面向全校一年级学生开展，在教育教学中注重发挥学生的主动性，激发学生的学习热情。从职业生涯规划启蒙教育方案的制定、内容的安排、过程的实施到评价考核，都体现了以学习者为中心的理念。以调研为基础，聆听学生想法，读懂学生是基础。笔者所在团队曾对 2016 级大学一年级学生开展"大学生职业生涯规划和创新创业意识现状调研"，共收回有效问卷 3374 份，占大一学生总人数的 74.0%。

从调研情况来看，在课前对学业目标、职业生涯规划明确的学生，占比只有 26.8%，有 49.9% 的学生选择"跟着课程走"，有 15.7% 的学生对参加学生团体更有兴趣，还有 7.6% 的学生对大学生活、大学目标感到迷茫。在调研结束后，教学团队开展了"以积极心态规划人生，用创业精神书写未来"为主题的职业生涯规划活动。

（2）进行分层指导，促进学生树立正确的就业观，提升就业能力

职业生涯规划教育贯穿大学四年。在全体大一学生中开展职业发展与规划教育，通过理论讲授、行业调研、志愿服务活动，使学生在学思践悟中树立正确的职业价值观，制定职业生涯规划方案。在高年级学生中，把职业生涯规划教育融入专业教育，学生通过主动了解专业知识与行业前景、参加专业技能竞赛、考取专业证书、投入专业实践等，加深了对专业和职业的认识。同时，积极开展就业形势与政策宣传教育，使毕业生认清就业形势，领会国家政策，响应国家号召，勇担社会责任，

树立正确的职业观和就业观。大学四年中,浙江万里学院多次邀请社会知名人士和著名企业家来校,围绕当前社会发展与职业需求、就业能力与技巧、创业环境与创业素质等内容,为学生开展讲座、座谈等活动,使学生能够及时了解就业与创业形势,帮助学生合理规划大学生活。浙江万里学院还适时组织"求职简历大赛""模拟面试大赛""公务员模拟面试""毕业生创业推助会"等活动,提升毕业生在职场上的竞争能力。

经过大学四年不间断的课堂融合式职业生涯教学,学生的职业规划目标越来越清晰,职场的竞争力有效提升。以2016级本科生为例,在大学毕业时就业率达95.05%,国内外升学率为6.94%,待就业学生占比仅为3.66%。[①]同时,大一学生的生涯规划意识更强了,对自身学业目标更加明确。以2020级学生为例,根据调研,在大学一年级时92.7%的学生有了明确的学业目标。

2.各项就业、创业成效更加突出

(1)考研成功率逐年提升

浙江万里学院2020届本科毕业生中,共有203人选择国内升学深造,163人选择出国(境)深造,国内外升学率为6.94%。浙江万里学院2021届本科毕业生中,共有441人选择升学深造,其中133人选择出国(境)深造,国内外升学率为8.28%。2022届本科毕业生中,国内外升学人数创新高,并形成了"一院一品"的学院品牌。如生物与环境学院以"考研"作为品牌。2022年,生物与环境学院共327名毕业生参加考研,上线165人(上线率50.5%);共有148人被复旦大学、中国农业大学、江南大学、宁波大学等高校录取,录取率为89.7%。

(2)创业教育卓有成效

浙江万里学院拥有全国首家高校创业指导师培训基地,是联合国教

---

① 浙江万里学院2020届毕业生就业质量年度报告 [EB/OL].(2021-01-14)[2021-10-30]. https: //career. zwu. edu. cn/0d/ff/c3074a134655/page. htm.

科文组织中国创业教育联盟首届理事单位、教育部首批创业教育专业指导委员会成员单位和浙江省创业型大学试点高校，在 2019 年创业时代网"中国大学创业竞争力排行榜"500 强中位列第 28 名，省内名次仅次于浙江大学，名列第二。[①] 据浙江省教育评估院调查数据，浙江万里学院学生毕业 3 年后创业率达到 8.21%，居全省前列。从用人单位对毕业生综合素质的满意度来看，平均分为 92.79 分，高于浙江省平均水平。浙江万里学院秉持创新办学的创业基因，坚守创业型的办学特色，据统计，浙江万里学院 2020 届毕业生的创业率达 8.38%，2021 届本科毕业生的创业率高达 16.50%。

（3）高质量就业稳步提升

据第三方数据调查，浙江万里学院 2020 届本科毕业生就业率为95.05%，2020 届毕业生对学校各项就业教育 / 服务的满意度均在 89.79%及以上；其中，对"就业手续办理"（92.70%）、"生涯规划 / 就业指导课"（91.52%）、"校园招聘会 / 宣讲会"（91.23%）的满意度相对较高。[②]2021届毕业生对学校各项就业教育 / 服务的满意度均在 93.00% 以上。学校2021 届毕业生的创业率、升学率、特色就业率等多项指标均创历史新高。截至 2021 年 8 月 31 日初次就业情况统计，本科毕业生就业率96.32%，创业率 16.50%，留甬率 46.64%；就业率、创业率均超全省本科和全市平均值，留甬率超全市平均值，在宁波本科院校中排名第一。[③]

（4）办学影响力全面提升

浙江万里学校在产教融合、创新创业和国际化等方面特色鲜明，招生吸引力、毕业生竞争力和办学影响力不断提高。浙江万里学院在 2021

---

① 浙江万里学院简介 [EB/OL].（2021-07-13）[2022-10-30].http：//college.gaokao.com/school/tinfo/481/intro/.

② 浙江万里学院 2020 届毕业生就业质量年度报告 [EB/OL].（2021-01-14）[2022-10-30]. https：//career.zwu.edu.cn/0d/ff/c3074a134655/page.htm.

③ 浙江万里学院毕业生创业率位列全省本科高校第二 [EB/OL].（2022-01-10）[2022-10-30]. https：//www.zjut.cc/article-394193-1.

年软科中国大学排名中列全国高校第 339 位，显示出较大的发展潜力和良好的发展势头。同时，浙江万里学院在校友会 2021 年中国大学排名中首次跻身 300 强，列第 294 位，较 2020 年上升 67 个位次、较 2019 年上升 119 个位次，达到区域高水平大学的办学层次。[①]

3. 五元化人才培养对接初显成效

（1）编制《五元化人才培养指导手册》，为学生提供方向指引

通过这本手册，学生能了解未来发展的不同选择——国内考研、国际升学、公务员考试、创新创业、通用能力提升等。学生还可以了解实现目标的若干细节，诸如：考研流程是怎样的、出国留学需要哪些材料、相关问题向哪个部门咨询、公务员考试有几种类型以及报考要具备哪些条件、创新创业有哪些途径以及要做哪些前期准备、大学生可以考哪些专业资格证书、学科竞赛有哪些类别以及如何参加学校的学科竞赛……

（2）开设系列五元化课程，为学生成长助力

五元化课程以小班化为组班模式，每个教学班人数在 30 人左右，2021—2022 学年第一学期经学生自主选课共开设 25 个教学班，2021—2022 学年第二学期经学生自主选课共开设 27 个教学班，每学期都有约 800 名学生参加五元化课程群的学习。

（3）组织调研团队，进行五元化课程质量问卷调研

学校针对学生选择五元化课程的原因、对五元化课程的评价等开展问卷调查，从调研数据和任课教师座谈反馈情况来看，"提高自己的能力"是目标选项中占比最高的，表明通识教育依然是现代教育的核心，这对浙江万里学院的五元化课程体系构建具有启发意义。

---

① 点赞！全省一流专业排名（应用型）第一！[EB/OL].（2021-06-28）[2022-10-30]. https://mp.weixin.qq.com/s？__biz=MjM5MTQwMjQxMg==&mid=2651873734&idx=1&sn=5d263e8bb5d49d318f6d832f48c10e04&chksm=bd52d1058a255813b21622b59c92b9abcf565c1f468550610db298bc472f577014c71eb8696a&scene=27.

知识拓展

五元化人才培养之公务员考试 [1]

公务员考试年年都是十分热门的话题，可是万事开头难，面对这位"最熟悉的陌生人"只让人觉得无从下手。不要担心，为了更好解决大家的难题，小编整理了新出炉的知识问答，准备应考的同学们，快来找找答案吧！

Q：公务员考试是一种什么性质的考试？

公务员考试是指国家机关根据有关法律法规的规定，采用公开招考、严格考核的办法，按照德才兼备的标准，从符合法定资格条件的公民中择优录用担任主任科员以下及其他相当职务层次的非领导职务的公务员的过程。

公务员考试是目前选拔录用党政机关工作人员的主要途径。考生按照选择职位报名参加考试，考上后就直接录取为该部门的公务员。

Q：公务员考试有几种类型？

我国公务员考试分为中央机关及其直属机构录用公务员考试（简称国家公务员考试）和省市各级机关单位录用公务员考试（简称"省（市）公务员考试"）两种。

国家公务员考试是指由中共中央组织部、人力资源和社会保障

---

① "浙江万里学院教务部"微信公众号服务模块下设有"五元化系列指南""五元化特色课程群"，其中"五元化系列指南"涵盖创新创业、科学竞赛、公共考证、国际化升学、国内考研、公务员考试等方面，这里选录的是"五元化人才培养之公务员考试"的内容。

部、国家公务员局统一组织实施的公务员考试。

地方公务员考试是指由各省省委组织部、省人社厅、省公务员局统一组织实施的地方性公务员考试。

国家公务员考试和地方公务员考试之间不存在什么从属关系，考生可根据自己要报考的政府机关部门选择要参加的考试，也可同时报考，相互之间不受影响。如：报考者可以报考国家公务员考试，也可以报考浙江省公务员考试，只要考试时间不冲突，即可选择报考多个考试，但报考岗位每次只能选择一个。

Q：公务员录用考试方式是什么样的？

公务员录用考试采取笔试和面试等方式进行，考试内容根据公务员应当具备的基本能力和不同职位类别、不同层级机关分别设置，重点测查用习近平新时代中国特色社会主义思想指导分析和解决问题的能力。

笔试包括公共科目和专业科目。公共科目由中央公务员主管部门统一确定。专业科目由省级以上公务员主管部门根据需要设置。

Q：报考公务员应当具备什么样的资格条件？

（1）具有中华人民共和国国籍；

（2）年龄为十八周岁以上，三十五周岁以下；

（3）拥护中华人民共和国宪法，拥护中国共产党领导和社会主义制度；

（4）具有良好的政治素质和道德品行；

（5）具有正常履行职责的身体条件和心理素质；

（6）具有符合职位要求的工作能力；

（7）具有大学专科及以上文化程度；

（8）具备省级以上公务员主管部门规定的拟任职位所要求的其他资格条件。

Q：在校大学生可以报考吗？

我校在读学生在即将毕业的那个学年可以报考。在读的非应届毕业生不能报考，定向生、委培生原则上不得报考。其中专升本同学可以选择专科专业及本科专业中任何一个与招考条件相符的专业设置岗位，即专升本同学可以根据全日制应届毕业生身份选择两个专业的岗位报考（本科与专科的专业名称不同时）。

Q：公务员考试对招考对象有没有户籍限制？

国家公务员考试是面向全国进行招考的，除特殊岗位外，一般没有户籍限制；而地方公务员考试主要面向当地的居民和在当地就读的大学生以及本省生源的大学生，但大部分省份对户口的限制进行了放宽，报名时需要认真阅读招考简章哦！

Q：公务员考试笔试科目有哪几门？

国家公务员考试的笔试包括公共科目和专业科目两部分。

公共科目为《行政职业能力测验》和《申论》两科，其中行政职业能力测验为客观性试题（选择题），申论为主观性试题（解答题及写作），满分均为100分。所有报考者都参加这两科的考试。

Q：公务员考试时间一般在什么时间？

国家公务员的报名和考试时间基本固定，一般在10—12月。报名时间一般在考试前一个月，考试时间则在11—12月。

地方公务员考试时间差异很大，而且每年招考时间会有一些变动，有些省份一年还有春、秋季两次考试。此外，有些招录部门还会单独招考，时间相对不固定。

Q：公务员考试的完整流程包括哪些？

（1）认真阅读考试公告，详细了解报考条件、报考程序、考试内容、时间与地点、体检和考察、公示拟录用人员名单等整个公务员考试流程；

（2）认真查看公务员考试的《招考简章》，了解各招录机关具体的招考人数、职位、考试类别、资格条件等；

（3）报考人员注册、进行网上报名。在规定时间内登录考录专题网站进行"报考人员注册"，填写报名申请并提交上报；

（4）等待资格审查；

（5）查询报名序号、报名确认、缴费和打印准考证，各个环节均有相应的时间节点；

（6）笔试和面试；

（7）调剂，个别招考职位超过笔试最低合格分数线的人数达不到面试人员比例时，将通过调剂补充人选；

（8）体检与考察；

（9）公示、审批或备案；

（10）试用。

Q：公务员考试的官方网站有吗？

（1）中央机关及其直属机构 2021 年度考试录用公务员专题网站 http://bm.scs.gov.cn/pp/gkweb/core/web/ui/business/home/gk-home.html 或 http://bm.scs.gov.cn/kl2021。

（2）浙江省公务员考试录用系统

http://gwy.zjks.com/zjgwy/website/init.htm。

Q：还有哪些渠道可以获得公务员考试相关信息及学习资源？

（1）中公教育

http://www.offcn.com/gjgwy/2019/1014/57350_2.html。

（2）华图教育

http://www.huatu.com/z/gkbmrs/。

还可以关注"半月谈""人民日报评论""学习强国"等公众号获取学习资源。

Q：是否有指定的公务员考试教材和培训班？

公务员招录主管部门从未指定任何单位和个人编写过有关公务员考试的教材，也不委托任何单位和个人举办有关公务员考试的培训班。目前社会上出现的假借公务员考试命题组、考试教材编委会、中央公务员主管部门授权等名义举办的有关公务员考试辅导班、辅导网站或发行的出版物等，都非官方行为，请大家注意甄别哦！

Q：在校生如何备考？

公务员考试主要测查从事机关工作所应具备的基本能力和基本素质，这些能力和素质主要靠平时学习、工作和生活的长期积累，很难在短期内取得很大提高。

学校图书馆存有一些公务员考试辅助教材可供借阅，该类图书的前几位检索编码为"D630.3/4**.**"或"D630.3/6**.**"，有兴趣的同学可去借来看看，以便对公务员考试的基本情况有所了解，并通过历年的真题，熟悉各个科目的考试类型和题型。

Q：我校有助考机构和备考服务吗?

继续教育学院的考培管理中心，可以助力在校学生参加公务员考试，官方公众号"微助考"会及时发布有关公务员考试的相关情况，还会不定期地开展岗位选报指导、备考经验分享、《行政职业能力测验》和《申论》的学习要点解析等公益讲座，开设公务员考试考前辅导班等。

第二节　职业生涯规划教育与专业教育的融合

一、职业生涯规划教育与专业教育融合的必要性

（一）职业生涯规划教育能激发学生专业学习的动力

职业生涯规划教育是专业人才培养的有效支撑，有效的职业生涯规划教育能激发学生的内驱力。专业选择，某种程度上就是选择自己未来的就业方向，其对个体的重要性不言而喻。高考志愿的填报，是学生专业选择的一个重要节点；进入大学后，转专业是家长和学生关注的另一个节点。霍兰德认为，个人的职业满意度、稳定性与成就感取决于性格与环境之间的适配性。在我国高等教育普及化的进程中，地方应用型高校的学情和教情发生了巨大变化，涌现出了新问题：学生学习动机弱化、自主学习能力欠佳。面对实际问题，应用型高校在职业生涯规划教育教学的组织中，要调动校内外资源，通过"企业高管进课堂""学生动手做方案""社会实践出校园"等活动，激发学生学习的主动性，促使学生积极思考与实践，在职业生涯规划中充分发挥主体作用。

（二）专业教育是职业生涯规划教育的基石

专业、学科奠定了行业的发展基础。职业生涯规划教育以专业教育为载体，脱离专业教育的职业生涯规划教育将是无源之水、无本之木，最终无法达到我们期望的目标。

在职业生涯规划教育中，了解专业、行业知识是基础要求，也是一个专项主题。大学生通过职业生涯规划教育有意识、有目的地探索行业环境，更好地确定职业生涯目标。专业课程的教学中蕴含着职业价值观的内在元素、职业精神的丰富素材、职业技能的实操演练。因此，衔接职业生

涯规划课程和专业课程的教学，把职业价值观的核心元素"甘于奉献、善于创新、勇于奋斗"渗透到专业课程教学中，必将改进教学质量，提升学生核心竞争力。

二、职业生涯规划教育与专业教育融合的路径

（一）共建师资平台，共享专业和职业信息

教学师资是课程教学质量的关键。当前，高校普遍存在职业生涯规划课程师资"不专业"问题。职业生涯规划教育师资以就业指导老师、心理健康指导老师以及辅导员为主，存在对专业知识了解不深入的短板；而专业课程师资的职业生涯规划意识不强。从人才培养的角度出发，需要让学生了解专业风采、专业内涵，并在了解自我、分析专业和环境的基础上确定职业生涯目标。基于此，一方面，可以借助职业生涯规划教育灵活的教学形式，如在职业生涯规划周邀请专业课教师介绍专业情况，通过职业生涯规划课程平台发布信息，让学生了解所学专业要考取的证书以及时间节点。另一方面，可以由专业课任课教师和职业生涯规划课程教师共同组成职业生涯规划教学团队，共同提升职业生涯规划课程的教学质量；也可以组成教学团队按照不同主题进行授课。建立干预机制，如针对准备考研的学生，关注其学习成绩和考研复习情况；针对准备创业的学生，关注其参与各类创业赛事的情况。无论学生选择的是哪一类目标，都需要具备扎实的专业知识和专业素养。

（二）专业课程教学融入职业元素、指向职业目标

职业生涯规划教育与专业教育的融合，体现在师生两个主体上。在教师层面，要选好、用好优秀的课程教材；要从学科内在逻辑出发，设计教学内容；要从学生关注的现实问题入手，将挖掘出来的职业元素融入教学内容；要善于运用案例式讲解，使学生感受到专业与职业之间的距离并

不遥远，领悟到今日所学专业知识将为他日的职业目标做铺垫，从而激发学生专业学习的积极性。在学生层面，要把个人职业生涯目标作为主线贯穿在大学的学习生活中，系统学习专业知识，提升专业素养，增强个人核心竞争力。

职业生涯规划教育和专业教育的对接与持续跟进，可以避免传统的职业生涯规划教育的断层现象，帮助学生以自我认知促进专业学习，以专业学习促进个体潜能和能力发展。

（三）发挥专业教育和职业生涯规划教育的合力

"以专业技能为导向"的专业教育和"以自我成长为导向"的职业生涯规划教育就如同高校人才培养的明线与暗线。在专业教育方面，学校积累了丰富的教学经验，有多元的专业课程、有具体的实践锻炼、有明确的技能考评，因此教师的主导作用更明显。在职业生涯规划教育方面，课程门类相对少、布置的任务不足，因此学生的主体作用更重要。职业目标明确了，专业学习的动力就更足。同样，通过专业学习，学生对行业和环境的分析就会更深入、具体，对职业目标的思考就更加理性。这是一个双向互促的过程。明线、暗线的共同作用，提升了学生的专业核心技能和可迁移通用能力，增强了学生学习的获得感和价值感。

三、项目化融合式职业生涯规划教育实践案例：南昌航空大学

南昌航空大学是一所以工为主，工理文管经法教艺等学科协调发展的多科性大学，创建于1952年，是全国首批学士学位授予权单位。1985年开始培养硕士研究生，1990年获硕士学位授予权。南昌航空大学秉承"日新自强、知行合一"的校训、"勤奋、文明、求实、创新"的校风和"团结自强、拼搏向上"的昌航精神，坚持"立足江西、面向全国，服务地方、服务国防"的服务面向，积极服务国家航空工业和江西地方经济社

会发展。南昌航空大学积极探索"专业＋特色"的复合型人才培养模式，构建具有学校特色的多类型、多维度、多路径的人才培养新体系，为学生的个性化培养创造条件。南昌航空大学的职业生涯规划教育，注重和专业教育的互融互契。教师深耕教学研究，分析学生特点，引导学生主动投入以自我成长为导向的职业生涯规划教育，循序渐进地投入以专业技能为导向的专业教育；并通过项目化融合，培养学生的创新精神和实践能力，助力学生的全面发展。

（一）南昌航空大学职业生涯规划教育的探索

1. 以教学为龙头，以制度为保障，教师率先垂范

教师的教学理念和教学水平直接决定课程的教学质量。南昌航空大学注重专业教育和职业生涯规划教育的融合。南昌航空大学与企事业单位尤其是航空国防企事业单位合作，建立了长期的技术服务关系，提升教师的实践教学能力。学校规定，新入职教师两年内必须接受为期半年的航空企事业单位一线实践锻炼，专业课教师每三年至少要有两个月的时间到企业一线参加生产实践，大量青年教师被送至企事业单位挂职服务。[①] 同时，鼓励教师参与学生实践基地建设，并将其作为职称评定、岗位考核的重要依据，以制度加以保障。

南昌航空大学鼓励专业课教师改革教学方法、探索非标准答案等开放式、多元化考核方式，强化学生分析问题和解决问题能力的培养。学校构建了"课赛融合"的教学模式，实现了"以学助赛，以赛促学促教"的良性互动。学校职业生涯规划教育任课教师主编并出版了"大学生职业生涯规划"课程教材和"创业基础"课程教材。学校注重全过程质量监控，以每年发布的在校生学情调查报告、毕业生培养质量中期评价报告为基础进行教学质量分析，为教育教学改革提供扎实的依据。

---

① 王汉定，刘芝平. 铺就创新型人才培养的特色之路 [J]. 江西教育（管理版），2018（5）：20-21.

2. 以项目为驱动，培养学生的创新精神和实践能力

南昌航空大学为大力推进创新人才培养工作，重点培养大学生的创新与实践能力。学校的大学生创新创业基地被评为"江西省大学生创新创业示范基地"，基地 30 余间项目研究室内经常见到进行基础实验、专业实训和项目研究的大学生的身影。

在南昌航空大学，有一个学生都熟悉的名字——"三小"，即学校团委创建的"小发明、小制作、小创作"项目申报平台。①"三小"，概括而言就是自己提出问题并解决问题，"问题"里面有发明、有财富、有学生的未来。"小发明是指学生在日常学习、生活、工作中运用所学科学知识或大胆想象，对现有技术或物品进行具有新颖性、先进性和实用性的创造和改进，一般以能否申请国家发明专利（含外观发明专利）为基本立项标准；小制作是指学生根据想象、思考和动手实践进行创新性改进或全新性创造的实物制作，注重对制作工艺的创新或动手实践能力的提升，包括手工艺品、电子制作和各种模型制作等；小创作是指学生通过生活体验、观察发现、科学实验、调查取样、数字媒体设计、软件开发等方式对某一事物或单一问题进行深入讨论、研究，独立设计完成并符合社会发展需要的创作作品，包括文学作品、艺术作品、设计方案，以及各类理论研究文章。一般以能否公开发表学术论文、调研报告或出版物和取得软件著作权为基本立项标准。"②"三小"项目依托企业、校外实践基地促进学生创新创业项目的落地转化，积极探索以项目为驱动、以结果为导向的新型工程教育模式。鼓励学生大胆提出问题、思考问题并解决问题，是培养学生创新能力的有效途径。

---

① 南昌航空大学学生科技创新教育纪实 [EB/OL].（2015-05-18）[2022-10-30]. https：//www.nchu.edu.cn/xwzx/chyw/content_46846.

② 关于开展第七届校内"三小"立项暨江西省大学生创新创业项目预备申报活动的通知 [EB/OL].（2012-03-30）[2022-10-30].http：//fxq.nchu.edu.cn/tzgg/content_53384.

3. 以特色为载体，分类培养，精准助力学生全面发展

南昌航空大学以创新精神和实践能力培养为核心，以特色培养为载体，重点推进一流本科建设。如航空宇航科学与技术学科既有培养创新拔尖人才的"春晓班"，也有培养应用型人才的"卓工班"和企业定制班，满足社会不同需求。南昌航空大学"卓工班"通过"自愿报名＋学院考核筛选"的方式选拔学生，采用"3+1""2+2"培养模式，通过校企合作模式，把学生送至企业生产一线，真正在实践大熔炉中练就本领、淬炼青春。"真刀真枪"实干，不仅提高了学生的专业技术和动手能力，更让他们尽快融入企业、走进社会，实现学校与企业的"无缝对接"，促进企业与学生的双赢。

名师实验室平台把本科生引进科研的大门，李清华博士实验室就是其中的典型代表。"'学术大牛'老师的科研工作把我们领进科研之门，教会了我们如何获取知识、思考问题，让我们对专业学习充满了信心，让很多同学最终选择了学术研究的道路。"这是一名本科毕业生在李清华博士实验室参与科研工作后的感受。南昌航空大学紧密结合社会发展需要、行业发展需求，分析学生特点，因材施教、分类培养，校企联合、形成特色，精准助力学生的成长。2022年学校首届陆孝彭班"程序设计实践 I"开班，旨在破解国家航空软件领域"卡脖子"关键技术，以工程教育先进理念培养能解决复杂工程问题的软件人才。

（二）南昌航空大学职业生涯规划教育与专业教育融合的成效

1. 学生科技创新能力不断增强

南昌航空大学在 2017—2021 年全国普通高校大学生竞赛榜单（本科，前 300 名）中排名全国第 78 位，位列省内高校第二。2017—2021 年，南昌航空大学学生共获"挑战杯"全国大学生课外学术科技作品竞赛一等奖、"互联网＋"大学生创新创业大赛银奖、中国国际飞行器设计挑战赛总决赛一等奖、全国大学生光电设计竞赛一等奖金奖等省部级以上科技

竞赛奖 5090 余项，其中国家级奖项 2056 项。大学生科技创新团队"环境光催化及资源循环利用团队"荣膺"小平科技创新团队"称号。

2. 毕业生的工作和专业相关度高，学生满意度高

在南昌航空大学 2020 届毕业生调研中，调研对象共计 6152 人，回收有效问卷 2862 份，有效回收率为 46.52%。调研数据显示，2020 届本科毕业生工作与专业相关度为 89.66%，说明大部分毕业生可以学以致用。这既是学校人才培养与社会需求紧密对接的直接体现，也是毕业生专业能力和综合素质得到市场认可的印证。调研数据还显示，南昌航空大学 2020 届毕业生对学校教育教学工作的总体满意度高，其中本科毕业生对学校教育教学工作的总体满意度为 96.35%。2020 届毕业生对教师授课的满意度也很高，达到 97.34%，其中本科毕业生对教师授课的满意度达到 97.58%。

在南昌航空大学 2021 届毕业生调研中，调研对象共计 5874 人，回收有效问卷 3661 份，有效回收率为 62.33%。南昌航空大学 2021 届本科毕业生留在江西省就业的比例为 41.96%，增强了学校服务地方经济发展的后劲。2021 届毕业生的就业途径主要是校园招聘会，本科毕业生的就业途径以校园招聘会为主，占比为 78.86%。由此可见，南昌航空大学在推动毕业生就业方面较好地发挥了主体作用，就业工作成绩显著。2021 届本科毕业生就业现状满意度为 84.21%，毕业生的工作与理想职业的匹配度为 92.04%，毕业生总体工作稳定度为 95.57%。调研数据还显示，用人单位对毕业生工作态度的满意度为 100.00%，对毕业生职业能力的满意度为 99.70%，对毕业生专业水平的满意度为 99.70%。

3. 教学相长，创新理念融入专业课教学，助力学生核心素养提升

南昌航空大学增设大量的人文科学和自然科学通识课，将创新理念融入专业课教学，有效激发了学生的创新潜能。学校从 2015 年开始推出第一批校级创新创业课程培育项目，涵盖专业核心课、专业方向课、通识选

修课、通识必修课、实践教学课等各类课程。到 2022 年已经推出第 7 批校级创新创业课程培育项目，涉及面广，参与教师众多。学校的政策支持力度大并且持续时间久，老师投入大量时间、精力研究课程，创新教学方式，最终受益的就是学生——创新意识得到增强、创新能力得到锻炼、核心素养得到提升。这一点，和学生的创新数据遥相呼应。2018 年，《江西教育》第 5 期专题报道了南昌航空大学创新型人才的培育情况。文章指出，2017 年，南昌航空大学的学生斩获省级以上竞赛奖励 756 项，其中国家级奖 311 项，全国"挑战杯"决赛二等奖 3 项、三等奖 2 项；学校获省级以上教学成果一、二等奖近 10 项；中国高校创新人才培养暨学科竞赛评估中，学校居全国高校 111 名、全省高校第 2 名。[①]

知识拓展

铺就创新型人才培养的特色之路[②]

2017 年，南昌航空大学的学生斩获省级以上竞赛奖励 756 项，其中国家级奖 311 项，全国"挑战杯"决赛二等奖 3 项、三等奖 2 项；学校获省级以上教学成果一、二等奖近 10 项；中国高校创新人才培养暨学科竞赛评估中，学校居全国高校 111 名、全省高校第二……

南昌航空大学创新型人才是如何培养的？学校的人才培养形成了怎样的特色？

[①]　王汉定，刘芝平．铺就创新型人才培养的特色之路 [J]．江西教育，2018（5）：20-21.

[②]　2018 年，《江西教育》第 5 期刊文介绍了南昌航空大学培养创新型人才的路径。详见王汉定，刘芝平．铺就创新型人才培养的特色之路 [J]．江西教育，2018（5）：20-21.

要学术追求，也要教书育人

李清华博士，南昌航空大学副教授、硕士生导师，"江西青年五四奖章"获得者。中国光学工程学会第一届理事会理事，中国工程院重大咨询项目组专家，国内外多家知名学术期刊的编委或客座主编。发表SCI学术论文近百篇，其中十余篇论文被列入ESI高引论文。在南昌航空大学，李清华博士更引人注目的成就不在于他的学术成就，而在于他将一批批本科生领进科研的大门。在李清华博士的引领和影响下，大批本科生对科学研究产生浓厚兴趣，多名学生获得国内外名校深造的机会。陈子晗，昌航"最牛"本科生，从大二开始进入李清华实验室，凭借两篇高影响因子论文，走进有光伏专业"世界第一"美誉的澳洲新南威尔士大学光伏学院，以全额奖学金直攻博士。李清华课题组学生还多次获得省级、国家级科技项目立项。"'学术大牛'老师的科研工作把我们领进科研之门，教会了我们如何获取知识、思考问题，让我们对专业学习充满了信心，让很多同学最终选择了学术研究的道路。"一位本科毕业生这样评价在自己老师实验室参与科研工作的这段经历。

优化课程体系，推进创新创业教育

南昌航空大学分两类三级建设300门左右覆盖通识课、专业基础课和专业课的依次递进、有机衔接、科学合理的创新课程体系。学校大量增设的人文科学和自然科学通识课有效激发了学生的创新潜质；将创新理念融入专业课教学，启发式教学让每一堂课成为创新教育的课堂。江西省首批大学生创新创业导师王庆副教授在课堂引入国外流行的TRIZ创新理论体系，以问题引入主题，用奖励学分的方法鼓励学生独立思考；为全校大一新生开设选修课"创新专利与竞赛指导"，普及创新理念，激发创新灵感。由他指导本科生申报的"'天宫开悟'——实景与VR相结合的青少年航空国防素质教育"在全国"青年红色筑梦之旅"实践活动中获新锐创意奖。学校申报的"供给侧改革视阈下地方高校新工科建设与创新创业教育耦合进展和效果研究"成功入选国家级新工科研究与实践项目。

打造平台，孵化成果

漫步校园，必然经过占地4000平方米的大学生创新创业基地，该基地是南昌航空大学推进创新创业教育的重要场所。大学生不仅可以零成本入驻，学校还给每个入驻团队提供法律、贷款等服务指导，有效保障了项目团队的存活率和成长性。目前，基地已有上百个创新创业项目团队入驻，成为集创新创业教育、创新创业实践、创新创业成果孵化等功能于一体的综合性平台。入驻基地的"乐印科技有限责任公司"创业项目，荣膺江西省大学生创业大赛金奖，项目主要负责人本科生彭波同学感慨："学校的大学生创新创业基地为我们提供了十分重要的发展空间，为我们安排导师，为我们提供政策指导、专利申请、咨询策划等多类服务，是我们所有入驻团队的共同家园。"而距离基地不远处的学校工程训练中心则被教育部授予"国家级实验教学示范中心"，是全校学生参与工程实践、形成工程思维、获得工程经验的重要平台，中心申报的"新工科要求下的地方高校工程训练项目建设研究"也被教育部立项。

强化师资队伍，凸显实践特色

南昌航空大学不断加大国外访学人次、企业一线工程实践锻炼力度，激励教师参与学生实习实践基地建设，并将其作为职称评聘、岗位考核的重要依据。作为教育部认定的"国防教育特色学校"，该校新入职教师入职两年内必须接受为期半年的航空企事业单位一线实践锻炼，专业课教师每三年至少要有两个月时间到企业一线参加生产实践，大量青年教师被送至企事业单位挂职服务。学校与企事业单位尤其是航空国防企事业单位间建立长期的技术服务关系，以此达到提升教师实践教学能力的目的。学校形成了一支专职和兼职、理论和实践、校内和校外结合，具有较优结构的实践教育队伍，完善了由专职教师、企业家和杰出校友兼职教师组成的创新创业教育团队建设的协作机制。

搞好学情调查，走向质量治理

学校坚持委托第三方机构开展在校生学情调查、毕业生培养质量评价工作，了解学生的学习现状与用人单位的感受。学校每年出台《在校生学情调查报告》《应届毕业生培养质量评价报告》《毕业生培养质量中期评价报告》，为深化学校教育教学改革提供了依据，在此基础上不断修订完善人才培养方案。近年来，学校以创新精神和实践能力培养为核心，实施分学科门类指导、分类型培养，遵循人才的培养规律，建立拔尖学生的培养机制，如"卓工班""春晓班"以及基础课分级教学工作，就是基于广泛的人才培养质量调研的决策。以该校材料科学与工程学院130101班为例，这是一个"春晓班"，更是一个"学霸班级"。2017年，全班22个人，18人被"985"和"211"高校录取为硕士研究生；班上诞生了4人全部被"985"高校录取的"学霸寝室"；全班英语四级通过率为100%，六级一次性通过率超70%，计算机专业二级通过率超80%。回首大学四年，被香港城市大学录取的贾鹏程同学表达了对母校的感恩之情："'春晓班'平台把大家凝聚到了一起，完善的班级管理制度、奖学金制度、科学的培养方案为同学们创造了优越的学习环境，大家没有理由不好好学习。可以说，'春晓班'的毕业生都是钻研与创新精神炼出来的。"

◇ 知识拓展

创新创业教育扎实推进 [①]

学校为响应国家大众创业、万众创新和创新驱动发展战略，全面贯彻落实《关于深化高等学校创新创业教育改革的实施意见》（国办发〔2015〕36号）和《国务院办公厅关于进一步支持大学生创新创业的指导意见》（国办发〔2021〕35号）等文件精神，按照"以专业为基础，以项目为载体，以竞赛为牵引，以导师为保障，以成果转化孵化为目标"的大学生创新创业教育模式，形成了一套完整的促进大学生创新创业教育的工作链。

1. 以立德树人为根本任务，构建"四位一体"育人机制

在创新创业人才培养上建立了课堂教学、实验实践教学、科技训练与学科竞赛和创新创业孵化"四位一体"的协同育人机制，从时间和空间上覆盖了本科学生培养的全过程。注重围绕创新创业，结合学科专业特点，将劳动教育融入、渗透到专业教育、思想政治教育、创新创业教育、职业生涯教育及就业指导等教育教学活动中。

2. 以双创课程建设为抓手，推进教学模式革新

学校以双创课程建设为抓手，持续推进教学模式革新。制定《创新创业教育课程体系建设与管理暂行办法》，遵循"目标导向、分类实施、注重质量、有效激励"的原则，开设了包括通识教育课、专业课以及智慧树等平台在线课程在内的10余门创新创业通识课程、300余门专业创新创业课程。其中面向全校开设的"创新创业教育引

---

　　① 节选自南昌航空大学《2021—2022学年本科教学质量报告》第三部分"教学建设与改革"。该报告共分8个部分：本科教育基本情况、师资与教学条件、教学建设与改革、专业培养能力、质量保障体系、学生学习效果、特色发展、需要解决的问题。

论"课程已开设 7 个学期，累计选课人数 4 万余人。制定《南昌航空大学大学生创新创业教育学分认定管理办法》，将大学生创新创业教育活动纳入各专业培养方案，以"线上学习＋线下课程与实践"方式开设"创新创业导论"课程。

3. 以提升实践能力为导向，开展进阶式双创训练

为进一步拓展学生在创新创业中的实践能力，学校设置了"三小"、创新实践班、国创项目训练、双创竞赛等系列实践环节，将创新创业实践与专业人才培养相融合，形成了从基础训练到专项实践，再到综合性训练及学科竞赛的进阶式训练体系：

（1）2021—2022 学年完成第十六届"三小"结题 1315 项，其中论文 243 项，实物 600 项，专利 96 项，软件调查报告影视等其他 432 项，第十七届"三小"立项 1537 项，重点立项 261 项，一般立项 1276 项。完成 2021 年国创项目结题 82 项，2022 年国创项目立项 90 项。

（2）立足于"以问题为导向，以参赛为目标"，2021 年成立了"化学实验创新实践班""机械设计创新实践班"等 30 个创新实践班，2022 年成立了 24 个创新实践班。各创新实践班对标相应竞赛制订教学计划和管理办法，有计划、有目的地开展创新创业竞赛训练，学校对创新实践班投入专项经费及专项工作量支持。

（3）结合学校办学的航空特色，强化航空报国情怀，引导和强化大学生具有航空特色项目的创业导向，飞行器学院"凌恒航空——国内领先的实景三维解决方案服务商""擎天航发：打造强劲的中国心"等创业项目获得国家奖项，"赣江航发——微小型航空喷气发动机领航者""基于翼尖小翼增升的垂直起降固定翼无人机"等创新创业项目均入驻大学生创新创业基地。

经过进阶式双创训练，学生双创实践能力不断提升，近 5 年共获得国家级学科竞赛奖项 2056 项，2017—2021 年全国普通高校大

学生竞赛榜单（本科，前300名）中排名全国第78位，全国普通高校大学生竞赛六轮总榜单（本科，前300名）中排名全国第101位，均位列省内高校第二。

4. 加强双创师资队伍建设，提升双创教育教学能力

采取"引进与培养相结合，长期聘任与短期补聘相结合，使用与培训提高相结合"等灵活多样的措施，着力打造一支与学校发展目标、办学特色相适应的双师结构、专兼结合的双创师资队伍。2022年开展新一轮的导师遴选和评聘工作，全校19个学院和基层单位（包括工训中心）共717人申报校内双创导师，遴选校外创新创业导师1人，形成一支专职和兼职、理论和实践、校内和校外结合，具有较高素质和较优结构的创新创业教师队伍。

5. 加强大学生双创基地建设，助力实现创新创业理想

大学生创新创业基地总面积近4000立方米，以公益性、示范性、专业性为主要特征，以科技研发、文化创意和市场营销为主体，搭建集创新创业教育、实践、成果孵化等功能于一体的平台。大学生创新创业基地的成立大幅度提升了我校创新创业活动的硬件设施水平，为培养创新创业人才起到巨大的保障作用，帮助一批批有志青年实现他们的创新创业理想。

近年来，大学生创新创业基地先后被授予"江西省大学生创新创业示范基地""江西省大学生创业孵化基地创建单位""全省大学生创业培训基地试点项目""江西省省级众创空间""江西省大众创业万众创新示范基地""大学生创新创业就业服务基地"。

涌现出刘鑫、王璐明等一批双创典型人物，刘鑫的事迹还在CCTV新闻频道以"刘鑫的毕业季：逆境向阳创造未来"为题进行了11分钟的专题报道。

第三节　职业生涯规划教育与实践教学的融合

一、高校职业生涯规划教育与实践教学融合的必要性

职业生涯规划教育指向"职业"，实践性是其重要属性。高校职业生涯规划教育与实践教学融合包含两个方面：一是职业生涯规划教育和专业教育、思政教育的实践教学融合；二是职业生涯规划教育理论教学与实践教学的融合。职业生涯规划教育课程集理论、经验、实战于一体，传统的理论讲授式教学不能充分发挥学生的主体性。要激发学生对职业生涯规划课程学习的兴趣，形成良性循环，就要转变教学方式。

（一）职业生涯规划教育与实践教学融合是培育高素质应用型人才的现实需要

培养高素质应用型人才是应用型高校的职责和使命。高素质应用型人才的概念没有定论，具体可以从知识、能力、素质三个方面论述。在知识结构上，要具有宽广的基础理论知识、坚实的专业理论知识以及持续发展的潜力和后劲；在能力结构上，要具备专业能力、方法能力、社会能力；在素质结构上，要具有专业素质和非专业素质，突出表现为创新精神和创新能力。[①] 总体而言，职业能力不仅是个体从事特定岗位工作时所需具备的各种能力，还包括在后期的职业生涯发展中构建自身职业生涯的能力和可持续发展的能力。

当前，应用型高校的实践教学环境难以满足学生职业能力提升需求，职业生涯规划教育也主要局限于理论知识讲解和就业指导。长三角地区4 所应用型高校发布的《2021 届毕业生就业质量报告》显示，实践教学是

---

① 李玉珠，常静.高素质应用型人才培养定位、规格与体系建设[J].中国职业技术教育，2019（1）：45-49.

各学校人才培养中的薄弱环节。其中，上海师范大学毕业生对学校教育教学的满意度情况，从高到低依次为授课教师的教学水平（99.50%）、专业培养方向的设置（98.60%）、专业课程设置和教学内容（98.60%）、教学实践与就业的相关性（98.40%）、专业的教学实践环节（97.80%）。浙江万里学院 2021 届毕业生对任课教师的总体满意度为 97.07%，对母校学风建设的总体满意度为 94.68%，对课堂教学的总体满意度为 96.35%，对实践教学的总体满意度为 94.89%。从合肥学院 2021 届毕业生的调研情况看，对教育教学的改进集中在"增加实习机会"（55.09%）；江苏理工学院用人单位对学校人才培养的改进建议主要是"强化专业实践环节"（42.56%）。综上所述，应用型高校实践教学环节需要做的工作还有很多。

（二）职业生涯规划教育与实践教学融合是推动实践教学高质量发展的有力抓手

实践教学是高校人才培养的重要组成部分，但是在相当长的一段时间中，高校教学"重理论轻实践"，在育人过程中实践教学有被边缘化的迹象。2021 年，教育部印发了《普通高等学校本科教育教学审核评估实施方案（2021—2025 年）》，将实践教学学分以及实验、实习、工程实践和社会调查等实践性工作列入审核重点，强化了实践教学的育人地位。

相关研究表明，实践教学与学生职业能力各维度之间显著相关。分层次、多元化、递进式的产教融合实践教学模式能明显提升学生的职业能力。[1] 产教融合实践教学是高等教育内涵式发展和产业升级、技术进步的有力支撑，也是提升高等学校社会服务能力的主要途径。

专业实践是发现问题、解决问题、提升学生创新精神和能力的主要途径。在实践操作中，学生学会运用专业知识解决问题。在职业生涯规划

---

[1] 梁玉国，李昌凯，李秋华. 协同育人视域下应用型高校实践教学的现实困境与破解路径：基于 30 所应用型高校的调查分析 [J]. 中国高校科技，2021（11）：79-83.

教育与实践教学相融合的过程中，学生以职业生涯目标为导向，思考并完善个人职业生涯规划方案。

（三）职业生涯规划教育与实践教学融合是落实学生职业素养提升的有效平台

实践既是认识的起点，也是认识的目的。应用型高校大学生从学校走向职场，投身地方经济建设，需要有较强的解决实际问题、分析实际问题的能力，需要有较高的职业素养。核心素养 5C 模型包括文化理解与传承、审辩思维、创新、沟通、合作等 5 个方面。在"四力四维"的职业胜任力模型中，"四力"指组织层面的凝聚力、牵引力、推动力和行动力，"四维"指管理组织、管理工作、管理他人、管理自我，其最终的落脚点是对每个具体岗位人员的胜任力要求。

高校实践教学是人才培养的重要组成部分。党的十九大明确提出，要完善职业教育和培训体系，深化产教融合、校企合作。2019 年 10 月，国家发展改革委、教育部等六部门印发《国家产教融合建设试点实施方案》，指出："深化产教融合，促进教育链、人才链与产业链、创新链有机衔接，是推动教育优先发展、人才引领发展、产业创新发展、经济高质量发展相互贯通、相互协同、相互促进的战略性举措。开展国家产教融合建设试点，必须坚持问题导向、改革先行，充分发挥城市承载、行业聚合、企业主体作用。省级政府和试点城市要紧密围绕产教融合制度和模式创新，重点聚焦完善发展规划和资源布局、推进人才培养改革、降低制度性交易成本、创新重大平台载体建设、探索体制机制创新等任务，统筹开展试点，落实支持政策，加强组织实施，确保如期实现试点目标。"2022 年 8 月，教育部等十部门出台《关于印发〈全面推进"大思政课"建设的工作方案〉的通知》，强调要善用社会大课堂，从构建实践教学工作体系、落实思政课的实践教学学时学分、组织开展多样化的实践教学、组织开展多样化的实践教学等 4 个方面抓具体落实。综上所述，因为人才培养的需要和综合改革的推进，高校各类型的实践教学越来越受到重视。

高校实践教学从内容上划分，既包括专业教育的实践教学，也包括思想政治教育的实践教学，还包括校园文化的实践活动；从场地的物理空间划分，既包括校内的实验实训，也包括校外的实践教学和活动类社会实践。高校类型不同，实践教学的侧重点有所区别。应用型高校要突出科学性、实用性，加强应用能力培养，并把实践教学环节贯穿学生培养全过程。

二、高校职业生涯规划教育与实践教学融合的路径

（一）以校内学科竞赛、实验项目为平台，磨炼学生职业意识

高校的职业生涯规划教育，可以让学生在初步了解自我、探索职业兴趣的基础上，拓展沉浸式学习场景。学科竞赛作为高校第二课堂的重要组成部分，是培养大学生实践能力、工匠精神的主要途径。实验项目是高校大学生实践教学的另一项重要内容。一手的实验项目数据能使学生加深对理论知识的理解，并能基于实验数据论证学科知识的严谨性。实证研究表明，项目式的实践可以引导学生自主探索、独立思考和自主创新，掌握发现问题、分析问题和解决问题的综合实践能力。

（二）以校外专业实践、实习为载体，提升学生职业技能

当前，部分应用型高校的毕业生的专业技能与企业实际岗位需求相脱离。究其原因，一方面在于师资，高校双师型任课教师占比偏低，对学生实践教学的引导和指导跟不上社会需求；另一方面在于高校对学生校外专业实践、实习考核的要求比较宽松。校企双方的关注点存在差异，高校关注的是知识传承，企业关注的是利益创造。这和两者的属性密切

相关，高校的本质属性是"知识属性"，人才培养、科学研究、社会服务都是知识不同的转化形式；企业的本质属性是"经济利益"，如创造新产品和获得人力资本。但是，"人才"是高校和企业的共同连接点，高校作为人才培养的"供应侧"，决定着"需求侧"（企业）接收的人才是否符合要求，能否解决企业问题，能否实现知识成果转化。高质量人才是企业和高校的共赢点，因此，要加强校企合作、推动产教融合。2020—2021学年，常州工学院制定了产教融合实验实践教学示范基地评定标准，遴选了5个产教融合实验实践教学示范基地。常州工学院加强实践教学的系统性考核，提升实践教学的课程质量，从理论学习走向实际、走进生活，使职业生涯规划教育中有更多鲜明的、具体的角色融入。

（三）以"专业+志愿服务活动"为途径，拓展学生职业素养

大学生志愿服务活动是培养青年学生责任感、使命感的重要途径。青年学生在服务他人的具体活动中，能切身体会到"赠人玫瑰，手留余香"的情感，激发起努力学习、服务社会的动力。笔者对所在学校的1000多名即将结束大一生活的学生进行调研，发现超过75%的学生认为志愿服务活动能够增强奉献服务意识、责任感、幸福感、同理心，并丰富实践经验；近70%的学生在活动中结识了志同道合的朋友，对工匠精神有了更深刻的理解。在和学生的座谈、调研中，笔者了解到开展"专业+"志愿服务活动是学生的心声。通过参加具有专业元素的志愿服务活动，学生能加深对专业的认识，增强专业学习的获得感、服务社会的价值感。

三、平台化融合式职业生涯规划教育实践案例：常州工学院

常州工学院地处历史文化名城江苏常州，自1978年建校以来，学校始终坚持面向基层、服务地方的办学定位，坚持"在服务常州中获取资源、在扎根常州中打造特色、在贡献常州中提升能力"的办学方略，持续

培育产教融合和创新创业教育"两个特色"。历经 40 多年的建设和发展，常州工学院现已成为一所以工科为主、多学科门类协调发展、特色明显的地方应用型本科高校，是教育部批准的"卓越工程师教育培养计划"试点高校之一。① 常州工学院实行课外"阶梯式"实践育人，不断研究部署"能力本位、服务全程、覆盖全体、分类实施"的培养目标，采用课内与课外相结合、专业实践与社会实践相结合的育人方式。2016 年 5 月，《江苏教育工作简报》推出了《常州工学院积极构建课外实践育人体系着力推进应用型人才培养》专题报道。

（一）常州工学院职业生涯规划教育的探索

1. 职业生涯规划教育贯穿全过程，分阶段分类别提升职业能力

（1）覆盖全体，分阶段提升职业能力

常州工学院立足高素质应用型人才培养目标，紧扣"产教融合"特色，结合学生职业生涯发展的个性化需求，将职业生涯规划教育贯穿到大学生涯的全过程，分阶段培养和提高学生的职业胜任力。大学一年级以职业启蒙教育夯实基础，学校开设了"大学生职业生涯规划"必修课程，统一教学大纲和课程内容，推进教学方法、教学模式改革。大学二、三年级以专业课程教育增强职业行业认知，以职业生涯探索为主导提升职业能力，各专业均开设了"专业导论""就业指导"等课程，使学生尽早了解专业特点。大学四年级开展实战操作、模拟应聘。常州工学院面向全体学生开设了"志愿服务与实践""创业模拟运营""百胜经理人养成训练"等 30 多门选修课程。同时，开设 GYB（产生你的企业想法）、SYB（创办你的企业）和"互联网 +"大学生创新创业培训班。学校以课程为基础，以竞赛、讲座、论坛、实训为支撑，实现了职业生涯规划教育的"全程、全域、全员"覆盖。

---

① 学校简介 [EB/OL].（2023-01-01）[2023-01-30].https：//www.czu.cn/12/list.htm.

（2）一生一策，促进差异化发展

2015年5月，常州工学院出台《常州工学院学生课外"阶梯式"实践育人实施方案》，为每一位学生定制一张实践育人的"个人成长菜单"——《成功的阶梯——大学生人生财富存储表》（以下简称存储表）。存储表规定每位学生均需参与实践育人活动，通过是非判断能力、理解交流能力、生活发展能力、身体健康能力、心理调适能力、应用分析能力、科学思维能力、组织管理能力、创新创造能力九大素质能力板块对学生进行评价考核。存储表由学生自己定期填写，记录和评估生涯规划、素质发展、能力培养等内容。对于学习基础相对薄弱的单考单招学生、退伍大学生、特招运动员，学校定制了特殊的"成长菜单"，在学习上对他们进行针对性提升；对于学生的闪光点，如单考单招学生的专业实践能力、退伍大学生的纪律组织观、特招运动员的自律习惯，学校提供展示平台。

2. 弘扬劳模精神平台化，增强价值引领力

（1）以劳模工作室为平台弘扬劳模精神

常州工学院以工作室为平台，请劳模"挂主帅"，在教师中培育爱岗敬业、甘于奉献的高校教职工文化，把教师队伍建设成为知识型、技能型、创新型团队。周全法为常州工学院党委副书记、副校长，中国再生资源产业技术创新领域知名专家。他先后获得"常州市五一劳动奖章""常州市劳动模范""江苏省先进工作者"等荣誉。周全法教授团队成立的创新工作室，2009年被常州市总工会命名为"劳模创新工作室"，2021年荣获"常州市示范性劳模（工匠）创新工作室"称号，成为常州高校唯一的示范性劳模创新工作室。

（2）开展"劳模工匠进校园"主题宣讲会

为进一步擦亮人才培养的底色，培养更多理想信念坚定、劳动情怀深厚、勇于扎根基层、实践能力突出的高素质应用型人才，常州工学院"劳模工匠进校园"系列宣讲会有序开展。全国人大代表、江苏省劳模张

道衡等走进常州工学院，讲述自己的成长经历、奋斗感悟，引导广大学生坚定理想信念，树立正确的劳动观、人生观、成才观、择业观，以实际行动成就梦想、报效祖国。

3. 推进生涯教育实践化，为学生聚合力

（1）产教互融，为学生的职业生涯规划引导方向

职业生涯规划教育实践性强，常州工学院在人才培养过程中增加实践教学比重，建设高水平的实践基地，与企业共建集实践教学、创新创业、学生就业、教师培训、科技服务于一体的"五合一"产教融合基地。学校要求教师将产业元素有机融入专业教学，引导大学生了解行业、认识专业、熟悉职业，培养大学生对专业的认同感，让大学生明确职业目标、找准发展方向。

（2）多方合力，为学生的职业生涯规划搭建平台

常州工学院注重资源整合与利用，实现基地资源上下贯通、横向联动、共享共用。学校实施"八个一"实践平台建设方案，即建设一批"生涯教育实践基地"、聘任一批校内外导师、开展一次"职业生涯教育主题月"活动、举办一场"职业生涯规划大赛"、组织一场职业体验周活动、策划组织一系列"职业生涯教育拓展"活动、搭建一个"职业生涯规划与就业指导咨询服务平台"、组织一场"就业实习双选会"。

（二）常州工学院职业生涯规划教育与实践教学融合的成效

1. 实现生涯教育体系化，为学生赋能

常州工学院持续培育产教融合和创新创业教育"两个特色"，构建了"三位一体""两个课堂"和"一个结合"的生涯教育培养体系。

（1）职业生涯规划、就业指导、创新创业"三位一体"

常州工学院紧密围绕地方产业需求，调整优化专业结构，建设以产业为导向的特色专业集群，不断推动人才培养供给侧和产业发展需求侧

结构要素全方位深度融合；打造"沉浸式"产学研融合实践平台，推进引企入校，共建"研习工厂"、实验室和教学、科研、就业"三合一"基地；完善与职业标准深度耦合的课程体系，推进课程设置与企业相关产品的设计、制造、检测、控制等过程有机融合。立足"覆盖全体、贯通全程"的就业指导思路，构建以职业规划、就业指导为主线的就业课程体系，帮助学生科学制定就业目标、提高就业技能、增加就业机会。

（2）第一课堂、第二课堂协同

常州工学院作为江苏省首批 15 家省级职业生涯教育基地之一，在教学平台建设方面，注重从职业生涯规划教育课程建设、双创教育改革方面发力。在第一课堂，改革教学内容、教学模式。在第二课堂，以学科竞赛、学生社团为载体，提升学生的职业技能。如在"生涯探索"体验周设置"职场 star 初长成""我为自己代言""面试大通关"等丰富多彩的游戏和模拟体验，让学生在亲身体验中感知自我，了解岗位需求。体验式职业生涯探索活动，深受学生好评。有学生评价："过去职业生涯指导以上课为主，内容侧重在就业政策、就业信息的传递，对自身的职业理想及职业能力都没有非常清晰的认知。通过参加职业生涯教育活动，外有引导，内生动力，在接下来的生活学习中能少一点迷茫，多一些踏入社会的底气和能力。"[①]

（3）校内指导、校外实践结合

优良的师资是校内指导的关键，常州工学院高度重视职业生涯教育师资队伍建设。近两年，聘任校内外导师 100 余名，启动"名师培养计划"，组织教师参加就业创业指导、职业生涯规划指导等培训共计百余人次，共有近 50 名导师获得职业生涯教育相关资质证书。常州工学院还突破时间、空间的限制，把校外实习实践基地的企业文化移植到校园。组织学生深入工厂，参观生产场景。调查数据显示，"校企协同"是常州工学院最主要的

---

① "职"为你：常州工学院开启职业生涯教育主题月活动 [EB/OL].（2021–05–23）[2022–10–30]. http: // zw.xinxbem.com/yw/84905.html.

协同育人方式，占比高达 89.47%。①

2. 持续推进产教融合，拓展职业生涯规划实践基地

2017 年 5 月，常州工学院实施"一院一镇，百团百企"行动，旨在充分发挥学校学科、科技和人才优势，推进学校智力资源和地方产业资源深度融合。该方案面向常州市重点行业产业，每个二级学院按照学科专业特色至少与 1 个本市区乡镇建立校地合作关系、与 10 家左右企事业单位开展深度产学研合作。2021 年，常州工学院进入"一院一镇，百团百企" 2.0 版。学院与企业共同制定培养方案，提升学生的创新实践能力，提高学生在社会、行业、企业中的认可度和岗位核心竞争力。通过引企入校合作办学、共建"双师型"教师队伍、为企业开展岗前技能培训、为学生提供从业资格考试与培训、校企共同开发产学研合作项目实现科技成果转化、建设稳定的校内外实训基地，形成切实有效的产教融合保障机制。

常州工学院不断提升人才培养质量，积极探索产教融合的校企联动新模式，促进产业、行业需求与高校人才培养的理念共融、渠道共通、平台共建、资源共聚、成果共享。2021 年 5 月，在学校职业生涯规划教育主题月活动启动仪式上，中天钢铁集团有限公司等 7 家职业生涯规划教育实践基地代表、校内外导师共同参加，校企双方就学生的职业生涯规划教育、综合素质能力提升、就业服务与指导等工作的内容和形式展开讨论。

3. 连续 3 年入选中国高等教育博览会"校企合作 双百计划"典型案例

"校企合作 双百计划"活动由中国高等教育学会主办，中国高等教育

---

① 冯英华，张兵．地方本科院校协同育人现状与对策研究：以常州工学院为例 [J]．常州工学院学报，2020（1）：74-80.

学会产教融合研究分会等具体承办。该计划旨在促进高校教学改革，推动高等教育内涵式发展，深化产教融合、校企合作，促进教育链、人才链与产业链、创新链有机衔接；同时，为高校和企业搭建合作桥梁，构建对话交流平台，形成校企"双走访"交流机制；遴选一批产教融合示范基地，树立一批产教融合典型案例，宣传一批产教深度融合重点项目，促进建立一批产教融合共同体，形成示范辐射带动效应。2019 年首次举办"校企合作 双百计划"典型案例评选，经资格审核、网络评审、线上与线下双走访、专家评议以及网上公示等环节认定最终典型案例。活动推出后，得到了高校的积极响应，这既是高校产教融合工作展示的窗口，更是互相交流、促进、提升的平台。常州工学院对该项工作高度重视，注重总结梳理，积极参与申报。中国高等教育博览会 2019 年"校企合作双百计划"典型案例共遴选出 74 项，常州工学院电气信息工程学院展示的"多层次、多形式、多领域"校企合作新模式案例成功获选。中国高等教育博览会 2020 年"校企合作双百计划"典型案例共遴选出 103 项，常州工学院"两业对接双教融合校企合作新模式"案例成功获选。中国高等教育博览会 2021 年"校企合作双百计划"典型案例共 260 项，常州工学院"产—学—研—创—用融通创新建设智能制造产业学院""产学研用创'五位一体'的校企合作新模式"和"校企合作师生共行科技创新"3 项案例成功入选。[①]

常州工学院连续 3 年入选"校企合作双百计划"典型案例，是学校产教融合工作的积淀，将鼓励和鞭策更多的教学团队深入其中，不断总结反思，促进教学工作的改革、人才培养的优化，助力学生的职业发展。

---

① 我校 3 项案例荣获 2021 年度中国高等教育博览会"校企合作 双百计划"典型案例 [EB/OL].（2022-07-25）[2022-10-30].https://www.czu.cn/2022/0724/c23a115335/page.htm.

🔖 知识拓展

2021 年度中国高等教育博览会"校企合作 双百计划"典型案例名单①

序号	案例类别	案例名称	申报单位	合作单位
1	双创教育类	基于双足机器人的系统综合实践教学模式	清华大学	乐聚（深圳）机器人技术有限公司
2	双创教育类	面向新工科的 AI 教学实践设备	北京理工大学	北京微元动力机器人科技有限责任公司、酷黑科技（北京）有限公司
3	联合办学类	服务国家战略、突破工程教育瓶颈的"订单＋联合"大核电人才培养模式与实践	华北电力大学	中国核能电力股份有限公司
4	专业建设类	创新引领的人工智能多维度产教协同育人体系构建	华北电力大学	百度在线网络技术（北京）有限公司
5	教学改革类	产学研用协同育人与国家管网公司联合共建油气储运工程仿真实训实践课	中国石油大学（北京）	国家管网油气管道调度员培训中心
6	实践基地建设类	地学类高校矿山综合实习基地建设	中国地质大学（北京）	内蒙古鑫达黄金矿业有限责任公司
7	实践基地建设类	传承铁人精神，校企共建多功能勘探开发一体化校外实践教学基地	中国地质大学（北京）	中国石油化工股份有限公司胜利油田分公司
8	科技合作类	呼吸道分泌物采样训练仿真系统的研制及产业化	南开大学	天津瀚海星云数字科技股份有限公司
9	专业建设类	基于校企合作的特色老年护理专业建设	天津中医药大学	鹤童公益养老集团、天津天堰科技股份有限公司

① 根据《关于启动 2021 年度中国高等教育博览会"校企合作 双百计划"工作的通知》（高学会〔2021〕101 号）要求，中国高等教育学会于 2021 年 9 月启动了中国高等教育博览会"校企合作双百计划"典型案例推选工作，经资格审核、网络盲审、线上线下双走访、专家推荐以及网上公示等环节，共有 260 项案例认定为 2021 年度中国高等教育博览会"校企合作 双百计划"典型案例。本书引用时删去了"申报团队"一栏。

应用型高校融合式职业生涯规划教育探索

续表

序号	案例类别	案例名称	申报单位	合作单位
10	实践基地建设类	人工智能—飞腾共筑信创人才培养平台	天津师范大学	飞腾信息技术有限公司
11	专业建设类	机电一体化技术专业产教融合双元育人项目	天津中德应用技术大学	大众汽车自动变速器（天津）有限公司
12	教学改革类	"同频共育，体系创新，深度融合"电梯专业与蒂森电梯现代学徒制案例	天津机电职业技术学院	蒂森电梯有限公司天津分公司
13	专业建设类	产教融合背景下的网络安全创新人才培养模式研究与实践	河北科技大学	北京天融信网络安全技术有限公司
14	实践基地建设类	构建多元化实践基地平台提高学生创新创业能力	河北科技大学	九易庄宸科技股份有限公司、石家庄水务投资集团有限公司
15	专业建设类	红色基因融入航空服务类专业校企协同思政育人模式	河北民族师范学院	北京广慧金通教育科技有限公司
16	校地融合类	面向"一带一路"急需，校企联合国际工程人才培养	石家庄铁道大学	中国中铁股份有限公司人力资源部、中国铁建股份有限公司人力资源部
17	专业建设类	校企深度融合协同发展的"应用型文科"人才培养模式探索与实践	山西农业大学	山西金瓯土地矿产咨询服务有限公司
18	教学改革类	做实校企合作，培养新农科兽医人才	山西农业大学	牧原食品股份有限公司全资子公司山西牧原
19	实践基地建设类	共建科技小院，助力乡村振兴	山西农业大学	寿阳县嘉禾农业科技有限公司
20	联合办学类	基于政企行校协同育人模式的现代产业学院实践与探索	山西大同大学	华为技术有限公司、大连东软教育科技集团有限公司
21	专业建设类	雪狼计划人才预就业精准定制培养	山西应用科技学院	/
22	双创教育类	校企共建"赛教融合"式双创应用型人才培养模式	山西应用科技学院	浙江正元智慧科技有限公司

续表

序号	案例类别	案例名称	申报单位	合作单位
23	联合办学类	基于校企合作的航空服务艺术与管理专业人才培养模式的研究与实践	山西工商学院	北京广慧金通教育科技有限公司
24	科技合作类	聚焦"乳业工业旅游"，推动产学研融合发展	内蒙古大学	内蒙古蒙牛乳业（集团）股份有限公司
25	教学改革类	新医科背景下"产教融合，校企联合"深入推进课堂教学改革	内蒙古科技大学包头医学院	北京慕华信息科技有限公司
26	科技合作类	基于科研平台多维度协同创新人才培养模式的研究与实践	内蒙古农业大学	内蒙古生态环境科学研究院有限公司
27	教学改革类	以本科人才培养质量提升为导向的全过程教学管理体系构建与实施	内蒙古师范大学	北京世纪超星信息技术发展有限责任公司
28	教学改革类	创新思维与创业训练课程改革探索与实践	内蒙古师范大学	北京广慧金通教育科技有限公司
29	教学改革类	精准对接民航服务产业的校企合作全程育人模式探索与实践	内蒙古师范大学青年政治学院	北京广慧金通教育科技有限公司
30	教学改革类	"全程、深度、共赢"产教融合创新人才培养模式的构建与实践	大连理工大学	慕乐网络科技（大连）有限公司
31	实践基地建设类	校企协同育人　建设大连日佳电子有限公司—精益供应链与物流管理实践教育基地	大连理工大学	大连日佳电子有限公司
32	实践基地建设类	面向行业需求的船舶与海洋工程专业研究生实践教学体系建设	大连海事大学	大连中船新材料有限公司
32	实践基地建设类	面向行业需求的船舶与海洋工程专业研究生实践教学体系建设	大连海事大学	大连中船新材料有限公司
33	教学改革类	新工科背景下船舶电工新技术实验创新教学模式探索与实践	大连海事大学	大连海越信息技术有限公司

171

续表

序号	案例类别	案例名称	申报单位	合作单位
34	教学改革类	基于云端创新实验平台构建混合式教学探索与实践	大连海事大学	北京杰创永恒科技有限公司
35	教学改革类	面向交通运输类创新人才培养的产学合作协同育人平台建设	大连海事大学	北京润尼尔网络科技有限公司
36	实践基地建设类	校企学院式应用型人才培养示范基地	沈阳工学院	北京正大蛋业有限公司
37	教学改革类	1+1+X 现代机器人产业学院人才培养模式改革	吉林工程技术师范学院	长春合心机械制造有限公司、吉林省吉邦自动化科技有限公司
38	专业建设类	"产教融合、协同育人"：地方高校经管类人才培养模式改革研究与实践	白城师范学院	青岛英谷教育科技股份有限公司
39	联合办学类	"产教融合四链协同"国际冰雪现代产业学院建设的探索与实践	吉林外国语大学	长白山旅游股份有限公司
40	实践基地建设类	长春光华学院柏斯顿定制班	长春光华学院	北京柏斯顿智能科技有限公司
41	教学改革类	促进教育链—产业链有机衔接的校企深度合作育人模式	长春光华学院	东软睿道教育股份有限公司
42	联合办学类	新文科背景下动画产业学院校企深度融合办学模式的创新与发展	吉林动画学院	吉林吉动天博影视制作股份有限公司、吉林吉动禹硕影视传媒股份有限公司
43	实践基地建设类	"联合创业融合发展"校企合作模式下的漫画双创人才培养体系建设与实践	吉林动画学院	长春市三昧动漫设计有限公司
44	实践基地建设类	智能制造系统教学实践基地	哈尔滨工业大学	苏州博达特机电科技有限公司
45	双创教育类	哈尔滨工业大学人工智能与机器人产学合作协同育人平台建设与实践	哈尔滨工业大学	机器时代（北京）科技有限公司

续表

序号	案例类别	案例名称	申报单位	合作单位
46	实践基地建设类	虚拟仿真技术赋能新工程实训基地建设	哈尔滨工业大学	北京中锐达科技有限公司、深圳市中视典数字科技有限公司
47	教学改革类	绿色建筑声学课程及实验平台建设	哈尔滨工业大学	北京绿建软件股份有限公司
48	教学改革类	校企合作助力课程改革服务学生创新能力培养	哈尔滨工业大学	北京欧倍尔软件技术开发有限公司、黑龙江省别样红科技发展有限公司
49	实践基地建设类	复合型创新人才校企联合培养项目	哈尔滨工业大学（深圳）	乐聚（深圳）机器人技术有限公司
50	校地融合类	产学研融合创新政校企协同育人	齐齐哈尔大学	齐重数控装备股份有限公司
51	校地融合类	哈尔滨学院—哈尔滨地铁集团产教融合协同育人项目	哈尔滨学院	哈尔滨地铁集团
52	专业建设类	数智赋能浪潮会计学院智能会计人才培养实践	哈尔滨商业大学	浪潮铸远教育科技有限公司
53	专业建设类	新医科背景下医学影像技术专业校企合作协同育人创新模式研究与实践	齐齐哈尔医学院	上海联影医疗科技股份有限公司、上海培云教育科技有限公司
54	专业建设类	基于"三对接"校企合作模式的机械专业建设	齐齐哈尔工程学院	齐重数控装备股份有限公司
55	教学改革类	校企协同育人的设计学类专业"五横一纵"应用型人才培养模式实践	哈尔滨剑桥学院	黑龙江广维创意有限公司、哈尔滨梵高设计有限公司
56	实践基地建设类	以校企共建的半导体光电产业学院为底座，构建光电产业应用型人才培养模式的研究与实践	黑河学院	华灿光电有限公司（浙江义乌）
57	实践基地建设类	基于校企产教融合的生物工程优质实践基地建设	华东理工大学	天士力生物医药股份有限公司
58	实践基地建设类	校企深度融合共建油气储运工程专业实践育人基地	华东理工大学	中石化高桥石化分公司

续表

序号	案例类别	案例名称	申报单位	合作单位
59	实践基地建设类	基于工程教学和实践相结合的化学工程与工艺专业实践基地建设	华东理工大学	上海华谊新材料有限公司
60	实践基地建设类	产业转型升级背景下校企合作培养智能成型人才	华东理工大学	上海维科精密模塑股份有限公司
61	教学改革类	光电信息产业技术学院	上海理工大学	上海物联网行业协会、上海诺基亚贝尔股份有限公司
62	科技合作类	工业燃烧设备综合性能集成检测装置开发	上海理工大学	上海焱晶燃烧设备检测有限公司、唐山冀东石油机械有限责任公司
63	实践基地建设类	多层面产学研合作的科技创新及人才培养	上海理工大学	中国通用机械工业协会冷却设备分会
64	科技合作类	光纤超快激光技术开发和产业化	上海理工大学	华东师范大学、上海朗研光电科技有限公司
65	实践基地建设类	需求和问题双导向的协同育人实践基地建设	上海理工大学	上海振华重工（集团）长兴分公司
66	实践基地建设类	"五真"体系打造船舶与海洋工程产教融合平台培育新时代高级航运人才	上海海事大学	外高桥造船海洋工程有限公司
67	专业建设类	基于标准化产业高质量发展的"中药＋农林"协同育人模式探索	上海中医药大学	上海市药材有限公司、上海康桥中药饮片有限公司（益大本草园）等
68	专业建设类	"健康中国"背景下新型中医工程人才产教融合培养模式的探索	上海中医药大学	上海诺诚电气股份有限公司、上海市光华中西医结合医院
69	科技合作类	医工交叉、产教融合共筑智慧康复平台	上海中医药大学	上海大学、上海金矢机器人科技有限公司
70	实践基地建设类	面向创新型 AI 人才培养的校企合作实践基地建设	华东师范大学	华为技术有限公司
71	实践基地建设类	汽车行业商科人才培养体系实践创新	上海大学	上海国际汽车城开发服务有限公司

续表

序号	案例类别	案例名称	申报单位	合作单位
72	校地融合类	乡村振兴战略视角下"物件、记忆"与乡村文化设施空间的互动模式研究	上海大学	同济大学、山东正阳工程咨询有限公司
73	教学改革类	儿科护理人才校—院联合培养模式与实践	上海杉达学院	上海儿童医学中心、上海市儿童医院
74	校地融合类	"共建、共享、共赢"民办院校优质教学资源建设赋能应用型护理本科人才培养实践	上海杉达学院	上海交通大学医学院附属仁济医院
75	联合办学类	时尚产业应用型本科人才培养模式的构建与实践	上海杉达学院	东方国际（集团）有限公司
76	实践基地建设类	成飞—南航"智汇蓝天"智能制造协同育人基地	南京航空航天大学	航空工业成都飞机工业（集团）有限责任公司
77	实践基地建设类	基于水污染治理与控制实训中心的环境专业实践教学新模式	中国矿业大学	扬州天辉实验室装备环保工程有限公司、江苏科仕达实验室环保科技有限公司
78	实践基地建设类	产业引领校企协同化工专业人才创新实践能力培养新模式	南京工业大学	中国石化扬子石油化工有限公司
79	实践基地建设类	基于产学研合作校企协同培养材料专业人才实践创新能力机制和模式	南京工业大学	中国建材集团有限公司、江苏一夫科技股份有限公司
80	科技合作类	餐厨废弃物高值资源化利用技术创新与应用	常州大学	维尔利环保科技集团股份有限公司
81	实践基地建设类	石化产业链运营模拟商科跨专业综合实训	常州大学	南京一鼎堂
82	联合办学类	水利信创人才培养模式探索与实践	河海大学	华为技术有限公司、龙芯中科技术有限公司
83	教学改革类	国产化嵌入式技术人才培养探索与实践	南京信息工程大学	上海睿赛德电子科技有限公司、博流智能科技（南京）有限公司
84	专业建设类	多模式产教融合助推信息地理专业建设	南京信息工程大学	南京国图信息产业有限公司、航天宏图信息技术股份有限公司

续表

序号	案例类别	案例名称	申报单位	合作单位
85	专业建设类	适应区域经济服务中国智造校企共建机电一体化技术专业	江苏建筑职业技术学院	徐工集团
86	校地融合类	"产—学—研—创—用"融通创新建设智能制造产业学院	常州工学院	江苏长江智能制造研究院有限公司
87	专业建设类	"产学研用创"五位一体的校企合作新模式	常州工学院	常州华达科捷光电仪器有限公司
88	校地融合类	校企合作、师生共行、科技创新	常州工学院	常州工业及消费品检验有限公司
89	实践基地建设类	"纸花"寻真数字圆梦校企共建剪纸数字化平台	常州工业职业技术学院	常州市金坛区剪刻纸文化发展有限公司
90	联合办学类	政行校企共建珍岛智能营销产业学院	常州工业职业技术学院	珍岛信息技术（上海）股份有限公司、西太湖互联网产业园
91	教学改革类	校企协同推进"双向办学"育才新模式	常州工业职业技术学院	常州固高智能装备技术研究院有限公司
92	实践基地建设类	构建"党建＋校企合作"思政育人模式	常州工业职业技术学院	昆山市人力资源市场集团有限公司
93	专业建设类	集团、标准、资源一体化建设，促进职业院校工业机器人技术专业快速发展	常州机电职业技术学院	常州孟腾智能装备有限公司、全国装备制造业职业教育集团化办学创新联盟
94	实践基地建设类	"共享工厂"：高职智能制造类专业产教融合育人平台的创新与实践	常州机电职业技术学院	江苏汇博机器人技术股份有限公司、机械科学研究总院江苏分院有限公司
95	专业建设类	校企合作构建"IT卓越人才"教育培养体系	南京传媒学院	南京吾曰思程网络科技有限公司、大连东软教育科技集团有限公司
96	专业建设类	"校企双链交织、产教要素配对"，深化双元培养模式改革	苏州健雄职业技术学院	昭衍（苏州）新药研究中心有限公司、苏州拓维生物技术有限公司

续表

序号	案例类别	案例名称	申报单位	合作单位
97	专业建设类	技能型、应用性审计人才培养的理论探索与创新实践	南京审计大学金审学院	毕马威信息技术服务（南京）有限公司、毕马威华振会计师事务所（特殊普通合伙）南京分所
98	教学改革类	高职生物医药类专业"三联四融"双主体人才培养模式创新与实践	苏州工业园区服务外包职业学院	苏州金唯智生物科技有限公司、苏州瑞特百生物科技有限公司
99	实践基地建设类	园艺专业"开放、融合、多元"实践育人共同体建设	浙江农林大学	勿忘农集团有限公司、虹越花卉股份有限公司
100	专业建设类	浙江农林大学数计学院达内集团校企深度合作项目	浙江农林大学	达内集团
101	专业建设类	应用化学专业产教融合人才培养创新体系	浙江农林大学	浙江盛龙装饰材料有限公司
102	教学改革类	白内障手术智能交互培训体系课程精进手术技艺，指尖传承光明	温州医科大学	爱尔康（中国）眼科产品有限公司
103	实践基地建设类	嘉兴学院时尚产业产教融合示范基地	嘉兴学院	梦迪集团、浙江华城集团等
104	实践基地建设类	中国计量大学新材料计量人才培养产教融合基地	中国计量大学	浙江方圆检测集团股份有限公司
105	校地融合类	"三全育人"背景下中国计量大学国学院校地融合共建模式探索与实践	中国计量大学	武义县教育局、三山书院
106	实践基地建设类	中国计量大学—检测技术与智能制造产教融合实践基地	中国计量大学	青岛海克斯康集团、娃哈哈精密机械有限公司
107	实践基地建设类	流体装备技术产教融合创新联盟	中国计量大学	/
108	教学改革类	校企双主体产教融合协同育人"公牛模式"的创建	宁波大学科学技术学院	公牛集团股份有限公司
109	实践基地建设类	基于校企融合的合肥工业大学材料物理和新能源材料与器件专业实践教育基地的建设	合肥工业大学	合肥晶合集成电路股份有限公司、合肥通富微电子有限公司等

续表

序号	案例类别	案例名称	申报单位	合作单位
110	科技合作类	拓宽产教融合合作面、延伸职业健康产业链	安徽理工大学	中哲控股集团有限公司
111	联合办学类	安徽职业技术学院市场营销专业中国特色现代学徒制实践案例	安徽职业技术学院	广东坚朗五金制品有限公司
112	联合办学类	产教融合模式下人工智能专业校企联合办学模式的探索与实践	安徽信息工程学院	科大讯飞股份有限公司
113	实践基地建设类	谢裕大茶业商学院	安徽财贸职业学院	谢裕大茶叶股份有限公司
114	实践基地建设类	电商直播产教融合实训基地	安徽国际商务职业学院	安徽声浪科技有限公司
115	专业建设类	"双主体"产教融合共育养老护理类高精缺技能人才	皖西卫生职业学院	安徽万兴健康产业发展有限公司
116	教学改革类	"五共同、三融合"跨境电商实务类课程混合式教学实践	福建工程学院	福州启迪之星孵化器管理有限公司、福州漂洋过海电子商务有限公司
117	专业建设类	集美大学兴业证券高等金融人才合作培养项目	集美大学	兴业证券股份有限公司
118	实践基地建设类	海洋多糖产业技术人才培养	集美大学	绿新（福建）食品有限公司
119	实践基地建设类	"六维一体"量化投资产教融合体系构建——以"炟鼎操盘手训练营"为例	福州外语外贸学院	上海炟鼎资产管理有限公司、上海高顿教育科技有限公司
120	实践基地建设类	基于乡村振兴"新农人"视角的创新人才协同培养实践基地建设	福州外语外贸学院	福建月色蓝湾文化传播有限公司
121	教学改革类	土木工程类专业新型"订单班"的实践	福州外语外贸学院	福建建中建设科技有限责任公司
122	教学改革类	离子型稀土提取及高效分离虚拟仿真教学实验	南昌大学	北京欧倍尔软件技术开发有限公司
123	双创教育类	北斗星光慕客学堂计划	山东大学	山东慕客空间信息技术有限公司

序号	案例类别	案例名称	申报单位	合作单位
124	专业建设类	面向行业需求的化工专业协同育人模式的改革与实践	中国石油大学（华东）	中国石油化工股份有限公司齐鲁分公司、万华化学集团股份有限公司
125	教学改革类	软硬融合的一致性教学案例设计与应用	青岛科技大学	青软创新科技集团股份有限公司
126	教学改革类	双融双创四赢的阶梯式人才培养模式	山东农业大学	山东滨农科技有限公司
127	实践基地建设类	校企共建全国药学专业型研究生培养示范基地	滨州医学院	山东国际生物科技园发展有限公司
128	校地融合类	医学影像信息化创新平台	滨州医学院	山东乐润信息技术有限公司
129	教学改革类	鲁东大学—华风数据 AI+ 工业大数据应用人才培养模式探索与实践	鲁东大学	华风数据（深圳）有限公司
130	实践基地建设类	枣庄学院产教融合创新实践基地建设案例	枣庄学院	北京华晟经世信息技术股份有限公司
131	教学改革类	协同育人定制课堂纤维与建筑空间	山东工艺美术学院	阳信瑞鑫集团有限公司
132	联合办学类	烟台大学校企联合创办学院的探索与实践	烟台大学	山东绿叶制药有限公司
133	联合办学类	打造校企利益共同体，实现双主体育人一体化	日照职业技术学院	亚太森博（山东）浆纸有限公司
134	教学改革类	基于雨课堂及光感应黑板的智慧教室普及化应用	山东职业学院	北京慕华信息科技有限公司
135	教学改革类	基于产教融合动漫专业"校企一体化"人才培养模式的探索与实践	淄博职业学院	杭州时光坐标影视传媒股份有限公司、淄博齐梦动漫制作有限公司
136	专业建设类	产教深度融合背景下校企协同育人创新模式研究	山东信息职业技术学院	深圳市讯方技术股份有限公司
137	实践基地建设类	智能制造运营管理人才培养基地建设	华中科技大学	艾普工华科技（武汉）有限公司

续表

序号	案例类别	案例名称	申报单位	合作单位
138	教学改革类	集成电路制造关键工艺及制程整合虚拟仿真实验平台	华中科技大学	安徽省科大奥锐科技有限公司、华润微电子有限公司
139	科技合作类	基于公交车行车记录的驾驶员行为分析和油耗预测	华中科技大学	淮柴集团扬州亚星客车有限公司
140	科技合作类	构建校企"三创"一体发展格局,打造"四链"畅通产教融合样本	华中农业大学	武汉科前生物股份有限公司
141	实践基地建设类	"一带一路"背景下农业实用技术人才培养模式创新	华中农业大学	湖北禾丰粮油集团有限公司
142	双创教育类	创新创业驱动的衡阳师范学院ICT校企合作基地	衡阳师范学院	北京华晟经世信息技术股份有限公司
143	联合办学类	基于校企合作和实践育人的本科航空管理类应用型人才培养"五位一体"模式探索与实践	湖南科技学院	北京广慧金通教育科技有限公司
144	教学改革类	助力乡村振兴的旅游专业群"三合一贯四层"育人模式改革实践	湖南外贸职业学院	北京广慧金通教育科技有限公司
145	联合办学类	深圳大学—腾讯云人工智能特色班	深圳大学	腾讯云计算(北京)有限责任公司
146	教学改革类	以虚拓实,产教融合:构建深大化学与环境工程卓越人才实践育人新范式	深圳大学	北京欧倍尔软件技术开发有限公司
147	专业建设类	产教赋能、协同育人的大数据专业人才培养体系构建与实践	广东白云学院	中科曙光、云宏信息科技股份有限公司
148	教学改革类	"四位一体、五项互融"复合型数字人才培养校企合作模式	广州大学	新华三技术有限公司、南京建策科技股份有限公司
149	教学改革类	"入园建院、课岗融合"现代产业学院育人模式	广州科技贸易职业学院	/
150	实践基地建设类	优势特色资源"校中企"协同创新实践基地建设	广西大学	南方锰业集团有限责任公司
151	专业建设类	校企深度融合培养应用型动画人才	广西民族大学相思湖学院	广西千年传说影视传媒股份有限公司

续表

序号	案例类别	案例名称	申报单位	合作单位
152	校地融合类	重庆大学—明月湖新工科科创教育平台	重庆大学	重庆市两江新区管委会、明月湖国际智能产业基地
153	实践基地建设类	数智化国际财税人才产教融合实践基地	四川外国语大学	重庆全球交付中心 GDC（德勤华庆商务服务有限公司）
154	校地融合类	儿童双语绘本"产学研用"四度融合推进模式	四川外国语大学	世界儿童杂志社、点宏教育集团
155	教学改革类	面向供需的"律所＋高校"双主体培养卓越法治人才的平台构建与实践	西南政法大学	北京市金杜律师事务所、重庆坤源衡泰律师事务所
156	实践基地建设类	"蓝鲸计划"融媒体复合型创新人才培养实践	西南政法大学	重庆重报传媒有限公司
157	教学改革类	"双岗制，一体化"交通智能建造高素质技术技能人才培养模式创新实践	重庆交通职业学院	中铁十一局五公司、甘肃地质矿产开发局测绘勘查院
158	校地融合类	以"产教研培"多层次培养模式，助力绵阳电子信息人才培养生态建设	电子科技大学	绵阳高新技术产业开发区管委会、绵阳融鑫孵化器管理有限公司
159	专业建设类	软件工程"互联网＋金融"方向的专业建设与人才培养	电子科技大学	四川新网银行股份有限公司
160	双创教育类	"电子科技大学—华为"创新人才培育项目	电子科技大学	华为技术有限公司
161	双创教育类	打造校内融通、校企协同的创新创业教育体系	电子科技大学	新能源科技有限公司
162	教学改革类	产教融合推动新工科教学改革"嵌入式系统设计"课程建设的改革与实践	电子科技大学	意法半导体（中国）投资有限公司
163	双创教育类	面向新工科的 AI 创新创业型人才培养	电子科技大学	北京微元动力机器人科技有限责任公司、酷黑科技（北京）有限公司
164	科技合作类	基于"国产 C++ 软件开发平台"信创人才培养	电子科技大学	成都中科合迅科技有限公司

续表

序号	案例类别	案例名称	申报单位	合作单位
165	实践基地建设类	面向军民两用人才培养的产教融合实践基地建设	电子科技大学	重庆高新区飞马创新研究院
166	实践基地建设类	基于产教融合的集成电路人才培养模式探索与实践	电子科技大学	华润微电子有限公司
167	科技合作类	产教融合下的数字孪生实战人才培养模式探索	电子科技大学	四川智慧高速科技有限公司
168	专业建设类	新工科改革"光电校企协同中心"	电子科技大学	中国科学院光电研究所、成都京东方光电科技公司
169	教学改革类	数字媒体与游戏技术课程群	电子科技大学	腾讯游戏学堂
170	教学改革类	融合鲲鹏计算生态的校企共建课程	电子科技大学	华为云计算技术有限公司
171	教学改革类	面向人工智能产业需求的校企协同育人	电子科技大学	百度在线网络技术（北京）有限公司
172	实践基地建设类	工业互联网＋智能制造工程实践基地	电子科技大学	富士康成都科技园（鸿富锦精密电子有限公司）
173	教学改革类	"校企联合、虚实结合"教学改革的探索与实践	成都理工大学	四川省原子能研究院、中广核久源（成都）科技有限公司
174	联合办学类	新工科背景下校企深度融合联合培养 ICT 应用型人才	攀枝花学院	中兴通讯股份有限公司、北京华晟经世信息技术股份有限公司
175	专业建设类	植根攀西沃土，产教深度融合，培养钒钛特色应用型人才	攀枝花学院	攀枝花钢城集团有限公司
176	专业建设类	以产业需求为导向，以人才培养为核心，打造 1+N 校企合作新范式	乐山职业技术学院	四川德恩精工科技股份有限公司
177	联合办学类	基于"共建共管共享"的航空服务艺术与管理应用型人才校企合作培养探索与实践	贵州民族大学	北京广慧金通教育科技有限公司

序号	案例类别	案例名称	申报单位	合作单位
178	双创教育类	基于云南省滇橄榄产业链构建的食品质量与安全专业创新创业人才培养	大理大学	宾川佳泓园艺有限责任公司
179	实践基地建设类	云南民族大学昆明国家广告产业园全媒体教学实训基地	云南民族大学	云南成名广告文化产业园经营开发有限公司（昆明国家广告产业园运营公司）、云南视广科技有限公司等
180	专业建设类	现代新工科背景下的校企"3+1"协同育人机制在培养软件工程应用型人才中的研究与实践	昆明学院	北京市海淀区中关村软件园人才基地培训中心
181	实践基地建设类	校企合作，协同搭建新农科产学研用实践平台	昆明学院	云南耕雪农业科技有限公司
182	教学改革类	"三融合四共建"的审计学人才培养模式探索与实践	滇西科技师范学院	泰庆会计师事务所
183	教学改革类	基于超星"一平三端"应用背景下边疆高校教学信息化改革探索与实践	滇西科技师范学院	北京世纪超星信息技术发展有限公司
184	实践基地建设类	依托电子信息学科交叉实践平台，探索产学协同的电子类创新型人才培养实验平台建设及长效运行机制	西安交通大学	德州仪器半导体技术（上海）有限公司
185	实践基地建设类	光学主题科学探索与实践创新平台建设	西安交通大学	大恒新纪元科技股份有限公司
186	科技合作类	深度融合下的校企联合科研攻关与人才培养	西北工业大学	中国航天科工集团第三研究院
187	双创教育类	电子信息特色高校产教融合创新创业人才培养模式探索	西安电子科技大学	/
188	专业建设类	西凤现代产业学院产学研创新育人模式	陕西科技大学	陕西西凤酒股份有限公司
189	教学改革类	宝恩皮革产业学院	陕西科技大学	淄博大桓九宝恩皮革集团有限公司

续表

序号	案例类别	案例名称	申报单位	合作单位
190	联合办学类	依托葡萄酒现代产业学院，推进复合型高层次葡萄酒人才培养	西北农林科技大学	夏贺兰山东麓葡萄产业园区管委会、宁夏西鸽酒庄有限公司
191	教学改革类	产教深度融合提升种业人才培养质量	西北农林科技大学	中国农业国际合作促进会、作物科学亚洲协会北京代表处
192	联合办学类	邮政物流特色的现代产业学院建设路径探索与实践	西安邮电大学	顺丰速运集团有限公司（西安）
193	联合办学类	区块链技术产学研合作典型案例	西安邮电大学	深圳奥联信息安全技术有限公司
194	实践基地建设类	基于双创教育的西邮—萨默尔产教融合案例	西安邮电大学	西安萨默尔机器人科技有限公司
195	联合办学类	产学研深度融合发展的国际邮轮乘务管理专业人才培养模式探索与实践	西安翻译学院	青岛鹏腾国际经济技术合作有限公司
196	实践基地建设类	跨境电商供应链产教融合实践基地建设	西安翻译学院	西安安捷货运有限责任公司、西安境达通科技孵化器有限公司司
197	专业建设类	产教深度融合，打造航空工匠	西安航空职业技术学院	国营四达机械制造公司
198	专业建设类	步长助力构建校企协同育人新模式	陕西国际商贸学院	步长制药
199	专业建设类	"双碳"战略及新工科背景下功能材料专业校企共建及人才共育实践与探索	兰州理工大学	晶科能源股份有限公司
200	实践基地建设类	新工科背景下校企联建与设备自制双效协同探索高校实验室应用型人才培养路径	兰州理工大学	北京ABB电气传动系统有限公司、西门子（中国）有限公司
201	科技合作类	基于智慧能源的数字农业平台	兰州理工大学	达华节水科技有限公司
202	科技合作类	双碳背景下近零能耗建筑综合能源系统设计优化	兰州理工大学	兰州兰石换热设备有限责任公司
203	科技合作类	基于北斗的风力发电功率预测系统	河西学院	甘肃紫金云大数据开发有限责任公司

续表

序号	案例类别	案例名称	申报单位	合作单位
204	教学改革类	基于哲寻公共部门绩效管理实训平台的公共部门绩效管理课程混合式教学改革研究	甘肃政法大学	上海哲寻信息科技有限公司
205	实践基地建设类	校企合作开新花、产教融合结硕果——以酒泉职业技术学院混合所有制物流商贸产教融合实训基地建设为例	酒泉职业技术学院	嘉峪关西部天地商贸有限责任公司
206	教学改革类	"三循环、走企式"育训并举实践教学体系的构建	酒泉职业技术学院	山东蓝海酒店集团、酒泉饭店
207	教学改革类	基于校企协作的青藏高原特色食品生产开发虚拟仿真平台应用及教学模式改革	青海大学	北京欧倍尔软件技术开发有限公司、兰州理工大学
208	实践基地建设类	智能制造现代产业学院协同育人机制探索与实践	宁夏理工学院	中船重工鹏力（南京）塑造科技有限公司、宁夏西北骏马电机有限公司
209	专业建设类	电气工程及其自动化产教融合示范专业	宁夏理工学院	施耐德电气（中国）有限公司
210	联合办学类	校企协同推进创新交叉融合的航空服务人才培养模式	宁夏理工学院	北京广慧金通教育科技有限公司
211	联合办学类	共建、共育、共赢西部化工产教融合共同体创新与实践	石河子大学	新疆天业集团
212	实践基地建设类	石河子大学–新疆天富能源股份有限公司大学生校外实践基地建设	石河子大学	新疆天富能源股份有限公司
213	联合办学类	"多维度协同创新，一体化融合育人"校企合作推进航空服务专业人才培养的创新实践	北京广慧金通教育科技有限公司	内蒙古民族大学、太原旅游职业学院
214	联合办学类	北京横山公益基金会校企合作协同育人	北京横山公益基金会、中国社会科学院大学	北京横山书院
215	专业建设类	林木良种多圃配套育苗技术虚拟仿真实验	北京润尼尔网络科技有限公司	北京林业大学

续表

序号	案例类别	案例名称	申报单位	合作单位
216	教学改革类	河北轨道运输职业技术学院铁道机车专业群教学资源库建设项目二次一标段（铁道机车类）	北京赛四达科技股份有限公司	河北轨道运输职业技术学院
217	双创教育类	专创融合的创新方法教师教学实践能力提升	北京亿维讯同创科技有限公司	大连理工大学
218	双创教育类	基于创新方法的创新创业教育体系构建与实践	北京亿维讯同创科技有限公司	北京联合大学、大连海事大学
219	专业建设类	产教融合背景下校企共建"新工科模式"数据科学与大数据技术专业	北京中软国际教育科技股份有限公司	桂林学院
220	专业建设类	链接产业，服务高校，以"AI+X"为抓手，构建校企合作新生态实践探索	达内时代科技集团有限公司	哈尔滨职业技术学院
221	实践基地建设类	建设面向全校、产业特色鲜明的新工科 AI 通识教育体系和实践育人体系	达内时代科技集团有限公司	华北理工大学
222	专业建设类	"四个融合"下的专业实践教学体系的构建与探索	大连东软教育科技集团有限公司	岭南师范学院
223	实践基地建设类	基于东软数字工场模式下的职业素质教育实践	大连东软教育科技集团有限公司	桂林学院
224	科技合作类	氢燃料电池游艇产学共建	大连海飞智远船舶科技有限公司	大连海事大学、中国船级社大连分社
225	联合办学类	德州学院泰山体育与健康产业学院	德州学院泰山体育产业集团有限公司	泰山体育产业集团有限公司
226	科技合作类	建筑类院校/专业数字化转型标杆案例故事	广联达科技股份有限公司	/
227	实践基地建设类	广州蓝图地理信息技术有限公司湖南生产基地	广州蓝图地理信息技术有限公司	湖南工程职业技术学院
228	教学改革类	"校企合作、产教融合"遥感类应用示范课程建设	航天宏图信息技术股份有限公司	成都理工大学
229	实践基地建设类	以产业项目为引领，打造影视动画全流程实习实训基地	吉林吉动天博影视制作股份有限公司	吉林动画学院

序号	案例类别	案例名称	申报单位	合作单位
230	实践基地建设类	基于实拍电影产业的中高端专业人才培养实践基地建设	吉林吉动禹硕影视传媒股份有限公司	吉林动画学院
231	实践基地建设类	金龄山青长者日间照料中心	金龄健康产业投资（山东）有限公司	山东青年政治学院
232	教学改革类	数字化时代的土木类学生工程能力提升培养模式探索与实践	昆明乐讯数字科技有限公司	云南大学滇池学院、昆明乐讯数字科技有限公司
233	实践基地建设类	清华大学博士生社会实践天洑软件基地	南京天洑软件有限公司	清华大学
234	实践基地建设类	信创产教融合实训基地的探索与实践——麒麟软件＆天津科技大学适配实训营	麒麟软件有限公司	天津科技大学
235	教学改革类	会计专业课堂教学一体化改革项目	厦门网中网软件有限公司	安徽财经大学会计学院
236	实践基地建设类	共享财务模式下的产教融合实践基地建设	厦门网中网软件有限公司	广州番禺职业技术学院财经学院
237	教学改革类	财务决策虚拟仿真专业实践教学建设	厦门网中网软件有限公司	江西科技学院
238	专业建设类	山东全通网融科技有限公司与山东工商学院共建校企合作专业	山东全通网融科技有限公司	山东工商学院
239	教学改革类	校企合作模式下"校赛融通"教学改革	山东全通网融科技有限公司	山东建筑大学
240	校地融合类	创新创业产业学院	山东全通网融科技有限公司	临沂大学
241	教学改革类	小红书旅游营销与推广	山东全通网融科技有限公司	齐鲁师范学院、山东农业工程学院
242	教学改革类	西方经济学教学沙盘模型	山东全通网融科技有限公司	山东理工大学
243	教学改革类	短视频平台直播电商带货	山东全通网融科技有限公司	齐鲁师范学院、山东农业工程学院

续表

序号	案例类别	案例名称	申报单位	合作单位
244	实践基地建设类	校企合作产教融合新金融实训基地	山东中启创优科技股份有限公司	山东财经大学东方学院、泰山学院
245	专业建设类	"多维驱动·分层递进"打造校企协同发展共同体	石家庄一建建设集团有限公司	/
246	教学改革类	创新人才培养模式,校企共育一流人才	四川华迪信息技术有限公司	四川大学
247	实践基地建设类	校企共建软件产业人才公共服务平台,聚焦重点领域,培养产业急需人才	四川华迪信息技术有限公司	电子科技大学
248	教学改革类	产教深度融合,以智能评价助推教学改革与创新	四川省树生智慧科技有限公司	西北工业大学
249	实践基地建设类	校企共建生产性实训基地(旅行社)	四川省雅正国际旅行社有限公司	乐山职业技术学院
250	科技合作类	实验室风机节能降噪优化的研发	苏州顶裕节能设备有限公司	南京航空航天大学
251	实践基地建设类	"爱国主义教育+专业实践"双基地建设	天津一汽汽车零部件有限公司	南开大学
252	实践基地建设类	产学合作,协同培养复合型人才	武汉噢易云计算股份有限公司	武汉纺织大学
253	联合办学类	探索"产教融合"新高度,建设"医工结合"人才培养新模式	新海科技集团有限公司	宁波大学科学技术学院
254	实践基地建设类	心理健康咨询与教育平台的应用与推广	学银通融(北京)教育科技有限公司	武汉理工大学
255	教学改革类	心理健康咨询与教育课程资源的应用与开发	学银通融(北京)教育科技有限公司	内蒙古师范大学
256	双创教育类	"知识创客"新模式,双创教育新突破	一值(上海)文化传播有限公司	西南交通大学希望学院
257	实践基地建设类	校企共建生产性实践教学基地—衡信会计工作室	浙江衡信教育科技有限公司	浙江衡信教育科技有限公司

序号	案例类别	案例名称	申报单位	合作单位
258	实践基地建设类	广东轻工职业技术学院——工业大数据智能应用产教科融合平台建设	中科天玑数据科技股份有限公司	广东轻工职业技术学院
259	联合办学类	基于"一院三制五融"的校企融合共生长效机制探索	重庆财经学院、科大讯飞股份有限公司	重庆财经学院、科大讯飞股份有限公司
260	校地融合类	WBS全过程一体化造价管理系统	珠海纵横创新软件有限公司	内蒙古农业大学

第四节　职业生涯规划教育与劳动教育的融合

一、职业生涯规划教育与劳动教育融合的必要性

"教育与生产劳动相结合"一直是我国教育的基本方针。马克思指出："生产劳动同智育和体育相结合，不仅是提高社会生产的一种方法，而且是造就全面发展的人的唯一方法。"[①]高校劳动教育的目标就是要让大学生树立社会主义劳动观。良好的劳动观推动着社会的运转和发展。劳动作为人的本质活动，是专属人的、联结人与世界的桥梁和纽带，人必须通过劳动来成就自己。职业是实现劳动的重要途径，是人们从事作为自己主要生活来源的有报酬的劳动。2021 年修正的《中华人民共和国教育法》第五条指出："教育必须为社会主义现代化建设服务、为人民服务，必须与生产劳动和社会实践相结合，培养德智体美劳全面发展的社会主义建设者和接班人。"高校职业生涯规划教育的目的正是激发学生职业生涯发展的自主意识，树立正确的就业观，提高认识环境、分析环境的能力，确定职业生涯目标，并努力在学习生活中为了目标而努力。职业生涯规划教育和劳动教育的融合，符合高校人才培养观，对培养高素质应用型人才具有重要的意义。

（一）职业生涯规划教育与劳动教育融合是培养青年学生劳动至上根本价值观的必然选择

"职"的本义是职务、职位，"业"指事业、事情。前者是一种社会符号，代表着社会组织中的分工和地位；后者是一种个人符号，代表着个人所从事工作的内容和方式。职业作为个人与社会互动的结合点，存在于

[①]　马克思恩格斯全集（第 23 卷）[M].北京：人民出版社，1972：530.

社会分工之中，是人类社会发展到一定阶段，即出现社会分工后的产物。劳动至上是大学生职业价值观的根本价值取向。开展职业生涯规划教育的目的是让青年学生树立正确的职业价值观，明确职业方向，并为之而努力奋斗。《中国大百科全书》对劳动教育的定义为："使学生树立正确的劳动观点和劳动态度，热爱劳动和劳动人民，养成劳动习惯的教育，是德育的内容之一。"[①] 开展劳动教育的目的是使学生形成正确的劳动价值观和良好劳动品质，具备劳动能力。职业与劳动一脉相承，密不可分；"职业"通俗而言即"工作"，是指人们为谋生和发展而从事的相对稳定、有经济收入、有特定类别的社会劳动。

（二）职业生涯规划教育与劳动教育融合是培养青年学生积极的劳动精神的必然要求

劳动者的精神风貌决定一个社会的精神风貌。一个人对待劳动的态度会影响其人生的价值观和幸福感。根据麦可思研究院主编的《2019年中国大学生就业报告》，2018届大学毕业生的就业率为91.5%，2018届大学毕业生半年内的离职率约为33%，和前5年毕业生离职率基本持平。这一现象引起学者的关注，背后原因值得深思，也促使高校对职业生涯规划教育、劳动教育成效进行反思。新就业大学毕业生频繁离职不仅不利于其责任心的培养和个人职业的稳定发展，还增加了用人单位人力资源重新配置的成本，影响了用人单位对高校人才培养质量的评价。有研究指出，大学生职业生涯规划有效增强了新就业大学毕业生的职业稳定性，显著减少了新就业大学生的离职行为。[②] 进入社会后，青年学生会遇到现实的困难，遇到需要他们认真分析并加以解决的工作难题。因此，

---

① 中国大百科全书总编委员会. 中国大百科全书[M]. 北京：中国大百科全书出版社，2009：396.

② 杜兴艳，王小增，陈素萍. 大学生职业规划教育对就业稳定性的影响研究：以某校毕业生麦可思调查数据为例[J]. 北京航空航天大学学报（社会科学版），2021（5）：134-138.

只有培养他们积极的劳动精神、敢于拼搏的工匠精神，才能使他们发挥自己的聪明才智，创造性地解决问题，从而更好地领会"幸福是奋斗出来的"的内涵。

（三）职业生涯规划教育与劳动教育融合是激发青年学生的内驱力的关键路径

职业生涯规划教育重在引导学生树立正确的职业价值观。职业生涯目标是方向，制定职业生涯规划方案是主线，培养职业技能是做加法，伴随青年学生一生的成长。劳动教育重在引导学生树立正确的劳动观念，在情感上培养学生积极的劳动精神，在行动上使学生具备劳动的技能，愿意劳动、能劳动，并收获劳动的喜悦。可见，两者的内涵和外延有较高的重合度。在教育教学方式上，劳动教育与职业生涯规划教育都强调动脑与动手、实践和体验相结合。

2020年3月，中共中央、国务院发布《关于全面加强新时代大中小学劳动教育的意见》。2020年7月，教育部印发《大中小学劳动教育指导纲要（试行）》（以下简称《指导纲要》)，《指导纲要》赋予了劳动教育新时代的重要功能和使命，指出劳动教育具有突出的社会性，必须加强学校教育与社会生活、生产实践的直接联系，发挥劳动在个人与社会之间的纽带作用，引导学生认识社会，增强社会责任感；劳动教育具有显著的实践性，必须面向真实的生活世界和职业世界。[1] 国家、社会、学校对劳动教育的重视，有助于引导学生树立正确的职业价值观；学校对劳动教育的落实，有利于青年学生准确把握新时代劳动工具、劳动技术、劳动形态的新变化，尝试新方法、探索新技术、创造新价值。

---

① 教育部关于印发《大中小学劳动教育指导纲要（试行）》的通知 [EB/OL]. (2020–07–09) [2022–10–30]. http://www.moe.gov.cn/srcsite/A26/jcj_kcjcgh/202007/t20200715_472808.html.

二、职业生涯规划教育与劳动教育融合的路径

劳动教育关乎立德树人、关乎教育的每一个阶段。2018 年 9 月，习近平总书记在全国教育大会上指出："要在学生中弘扬劳动精神，教育引导学生崇尚劳动、尊重劳动，懂得劳动最光荣、劳动最崇高、劳动最伟大、劳动最美丽的道理，长大后能够辛勤劳动、诚实劳动、创造性劳动。""要努力构建德智体美劳全面培养的教育体系，形成更高水平的人才培养体系。要把立德树人融入思想道德教育、文化知识教育、社会实践教育各环节，贯穿基础教育、职业教育、高等教育各领域，学科体系、教学体系、教材体系、管理体系要围绕这个目标来设计，教师要围绕这个目标来教，学生要围绕这个目标来学。凡是不利于实现这个目标的做法都要坚决改过来。"① 劳动教育覆盖我国各个教育阶段，涵盖学校教育、家庭教育、社会教育各个主体。

2016 年 12 月，由上海师范大学知识与价值科学研究所主办的"第一届劳动人权马克思主义论坛"在上海召开。此后，上海师范大学每年聚集专家学者，重点讨论劳动理论、劳动幸福观的塑造、劳动与人的全面发展等社会关注的重点问题。2021 年 5 月，第六届全国劳动人权马克思主义论坛在上海师范大学召开。与会专家一致认为，提高广大人民群众的幸福感、获得感、安全感，是美好生活的基本标志，要让民众能感受到用诚实劳动创造幸福美好的生活。

（一）以马克思主义劳动观涵养青年学生的职业情怀

2022 年 4 月 27 日，习近平总书记在致首届大国工匠创新交流大会的贺信中强调："技术工人队伍是支撑中国制造、中国创造的重要力量。我

---

① 习近平：坚持中国特色社会主义教育发展道路 培养德智体美劳全面发展的社会主义建设者 [N]. 人民日报，2018-09-11.

国工人阶级和广大劳动群众要大力弘扬劳模精神、劳动精神、工匠精神，适应当今世界科技革命和产业变革的需要，勤学苦练、深入钻研，勇于创新、敢为人先，不断提高技术技能水平，为推动高质量发展、实施制造强国战略、全面建设社会主义现代化国家贡献智慧和力量。"[①]

　　培育青年人的职业价值观必须以马克思劳动幸福观为根基。职业价值观看不见、摸不着，但它影响甚至决定着人们的职业、岗位乃至人生道路的选择；大学生树立正确的职业价值观不是一个口号，而需要有清晰可见的理论指导以及切实可行的实践锻炼。劳动幸福观就是一种很好的理论指导。幸福在很大程度上是由人们的感受体现出来的，它不是抽象的存在。当前，青年学生对于劳动幸福观存在理解偏差，存在不珍惜劳动成果、劳动能力欠缺、动手能力不足的问题。有的学生不尊重体力劳动者，自己却吃不了苦、受不了累。如对街道上、校园内打扫卫生的人员不礼貌，对食堂阿姨、门卫师傅不尊重；个别学生甚至觉得父母从事体力劳动让自己丢面子。对此，要通过理论引导，让学生深层次理解劳动幸福感的由来和内涵。让劳动幸福观入脑入心，最重要的途径就是劳动实践。丰富的劳动实践和创造性成果使青年学生将其升华为审美的愉悦，从而衍生出作为人获得自由全面发展的幸福感。[②]只有在思想上理解了劳动幸福观，在实践中体验到劳动带来的幸福，青年学子才能深刻领会"幸福是奋斗出来的"的内涵。以劳动幸福观为指导，青年学生再读马克思的《青年在选择职业时的考虑》时一定会有新的收获，在进行职业选择时也会更果敢。

---

　　① 勤学苦练深入钻研勇于创新敢为人先 为推动高质量发展实施制造强国战略贡献智慧和力量 [N]. 人民日报，2022-04-28.

　　② 夏传芹. 劳动幸福观培养的三个维度：以农业试验站平台的中学生劳动实践课为例 [J]. 安徽教育科研，2021（11）：6-7，14.

回 知识拓展

青年在选择职业时的考虑①

　　自然本身给动物规定了它应该遵循的活动范围，动物也就安分地在这个范围内活动，而不试图越出这个范围，甚至不考虑有其他范围存在。神也给人指定了共同的目标——使人类和他自己趋于高尚，但是，神要人自己去寻找可以达到这个目标的手段；神让人在社会上选择一个最适合于他、最能使他和社会变得高尚的地位。

　　这种选择是人比其他创造物远为优越的地方，但同时也是可能毁灭人的一生、破坏他的一切计划并使他陷于不幸的行为。因此，认真地权衡这种选择，无疑是开始走上生活道路而又不愿在最重要的事情上听天由命的青年的首要责任。

　　每个人眼前都有一个目标，这个目标至少在他本人看来是伟大的，而且如果最深刻的信念，即内心深处的声音，认为这个目标是伟大的，那它实际上也是伟大的，因为神决不会使世人完全没有引导者；神轻声地但坚定地作启示。

　　但是，这声音很容易被淹没；我们认为是热情的东西可能倏忽而生，同样可能倏忽而逝。也许，我们的幻想蓦然迸发，我们的感情激动起来，我们的眼前浮想联翩，我们狂热地追求我们以为是神本身给我们指出的目标；但是，我们梦寐以求的东西很快就使我们厌恶，于是，我们便感到自己的整个存在遭到了毁灭。

　　因此，我们应当认真考虑：我们对所选择的职业是不是真的怀有热

───────────

　　① 这是 1835 年 8 月 12 日马克思在特里尔中学毕业考试时写的德语作文，他在文中表达了为人类服务的崇高理想。引自：马克思恩格斯全集（第一卷）[M]. 北京：人民出版社，1995：455–460.

情？发自我们内心的声音是不是同意选择这种职业？我们的热情是不是一种迷误？我们认为是神的召唤的东西是不是一种自我欺骗？不过，如果不对热情的来源本身加以探究，我们又怎么能认清这一切呢？

伟大的东西是闪光的，闪光会激发虚荣心，虚荣心容易使人产生热情或者一种我们觉得是热情的东西；但是，被名利迷住了心窍的人，理性是无法加以约束的，于是他一头栽进那不可抗拒的欲念召唤他去的地方；他的职业已经不再是由他自己选择，而是由偶然机会和假象去决定了。

我们的使命决不是求得一个最足以炫耀的职业，因为它不是那种可能由我们长期从事，但始终不会使我们感到厌倦、始终不会使我们劲头低落、始终不会使我们的热情冷却的职业，相反，我们很快就会觉得，我们的愿望没有得到满足，我们的理想没有实现，我们就将怨天尤人。

但是，不仅虚荣心能够引起对某种职业的突然的热情，而且我们也许会用自己的幻想把这种职业美化，把它美化成生活所能提供的至高无上的东西。我们没有仔细分析它，没有衡量它的全部分量，即它加在我们肩上的重大责任；我们只是从远处观察它，而从远处观察是靠不住的。

在这里，我们自己的理性不能给我们充当顾问，因为当它被感情欺骗，受幻想蒙蔽时，它既不依靠经验，也不依靠更深入的观察。然而，我们的目光应该投向谁呢？当我们丧失理性的时候，谁来支持我们呢？

是我们的父母，他们走过了漫长的生活道路，饱尝了人世辛酸。——我们的心这样提醒我们。

如果我们经过冷静的考察，认清了所选择的职业的全部分量，了解它的困难以后，仍然对它充满热情，仍然爱它，觉得自己适合于它，那时我们就可以选择它，那时我们既不会受热情的欺骗，也不会仓促从事。

但是，我们并不总是能够选择我们自认为适合的职业；我们在社会上的关系，还在我们有能力决定它们以前就已经在某种程度上开始确立了。

我们的体质常常威胁我们，可是任何人也不敢藐视它的权利。

诚然，我们能够超越体质的限制，但这么一来，我们也就垮得更快；在这种情况下，我们就是冒险把大厦建筑在残破的废墟上，我们的一生也就变成一场精神原则和肉体原则之间的不幸的斗争。但是，一个不能克服自身相互斗争的因素的人，又怎能抗御生活的猛烈冲击，怎能安静地从事活动呢？然而只有从安静中才能产生出伟大壮丽的事业，安静是唯一能生长出成熟果实的土壤。

尽管我们由于体质不适合我们的职业，不能持久地工作，而且很少能够愉快地工作，但是，为了克尽职守而牺牲自己幸福的思想激励着我们不顾体弱去努力工作。如果我们选择了力不胜任的职业，那么我们决不能把它做好，我们很快就会自愧无能，就会感到自己是无用的人，是不能完成自己使命的社会成员。由此产生的最自然的结果就是自卑。还有比这更痛苦的感情吗？还有比这更难于靠外界的各种赐予来补偿的感情吗？自卑是一条毒蛇，它无尽无休地搅扰、啃啮我们的胸膛，吮吸我们心中滋润生命的血液，注入厌世和绝望的毒液。

如果我们错误地估计了自己的能力，以为能够胜任经过较为仔细的考虑而选定的职业，那么这种错误将使我们受到惩罚。即使不受到外界的指责，我们也会感到比外界指责更为可怕的痛苦。

如果我们把这一切都考虑过了，如果我们的生活条件容许我们选择任何一种职业，那么我们就可以选择一种使我们获得最高尊严的职业，一种建立在我们深信其正确的思想上的职业，一种能给我们提供最广阔的场所来为人类工作，并使我们自己不断接近共同目标即臻于完美境界的职业，而对于这个共同目标来说，任何职业都只不过是一种手段。

尊严是最能使人高尚、使他的活动和他的一切努力具有更加崇高品质的东西，是使他无可非议、受到众人钦佩并高出于众人之上的东西。

但是，能给人以尊严的只有这样的职业，在从事这种职业时我们不是作为奴隶般的工具，而是在自己的领域内独立地进行创造；这种职业不需要有不体面的行动（哪怕只是表面上不体面的行动），甚至最优秀的人物也会怀着崇高的自豪感去从事它。最合乎这些要求的职业，并不总是最高的职业，但往往是最可取的职业。

但是，正如有失尊严的职业会贬低我们一样，那种建立在我们后来认为是错误的思想上的职业也一定会成为我们的沉重负担。

这里，我们除了自我欺骗，别无解救办法，而让人自我欺骗的解救办法是多么令人失望啊！

那些主要不是干预生活本身，而是从事抽象真理的研究的职业，对于还没有确立坚定的原则和牢固的、不可动摇的信念的青年是最危险的，当然，如果这些职业在我们心里深深地扎下了根，如果我们能够为它们的主导思想而牺牲生命、竭尽全力，这些职业看来还是最高尚的。

这些职业能够使具有合适才干的人幸福，但是也会使那些不经考虑、凭一时冲动而贸然从事的人毁灭。

相反，重视作为我们职业的基础的思想，会使我们在社会上占有较高的地位，提高我们自己的尊严，使我们的行为不可动摇。

一个选择了自己所珍视的职业的人，一想到他可能不称职时就会战战兢兢——这种人单是因为他在社会上所处的地位是高尚的，他也就会使自己的行为保持高尚。

在选择职业时，我们应该遵循的主要指针是人类的幸福和我们自身的完美。不应认为，这两种利益会彼此敌对、互相冲突，一种利益必定消灭另一种利益；相反，人的本性是这样的：人只有为同时代人的完美、为他们的幸福而工作，自己才能达到完美。如果一个人只为自己劳动，他也许能够成为著名的学者、伟大的哲人、卓越的诗人，然而他永远不能成为完美的、真正伟大的人物。

历史把那些为共同目标工作因而自己变得高尚的人称为最伟大的人物；经验赞美那些为大多数人带来幸福的人是最幸福的人；宗教本身也教诲我们，人人敬仰的典范，就曾为人类而牺牲自己——有谁敢否定这类教诲呢？

如果我们选择了最能为人类而工作的职业，那么，重担就不能把我们压倒，因为这是为大家作出的牺牲；那时我们所享受的就不是可怜的、有限的、自私的乐趣，我们的幸福将属于千百万人，我们的事业将悄然无声地存在下去，但是它会永远发挥作用，而面对我们的骨灰，高尚的人们将洒下热泪。

（二）以工匠精神锤炼青年学生的职业技能

"素质是立身之基，技能是立业之本。"[①] 劳动教育中，正确的劳动观、积极的劳动精神解决的是思想上、态度上的问题；在实际工作中，还要看行动上"能不能"解决问题，能力上是否具备解决该问题的能力，即"职业技能"。青年学生在进行自我探索、环境探索和职业探索的过程中，深入回答"我能干什么""我要学习什么"，激发自我成长的内驱力。解决实际问题和参加学科考试既有联系又有差别，要以理论知识为基础，更要分

---

① 习近平：在知识分子、劳动模范、青年代表座谈会上的讲话 [EB/OL].（2016-04-26）[2022-10-30]. http://paper.people.com.cn/rmrb/html/2016-04/30/nw.D110000renmrb_20160430_1-02.htm.

析实际环境。青年学生把专业知识转化为职业技能，需要经过较长时间的笨拙期。知识能学到，而技能只能习得。知识的学习从不知道到知道，可能就是在瞬间发生，但是技能的习得与掌握是一个反复练习的过程。"一万小时定律"指出：人们眼中的天才之所以卓越非凡，并非天资超人一等，而是付出了持续不断的努力。任何一个职业，精彩的结果背后都是努力与拼搏。医生精湛的医术、教师娴熟的授课、技术工人生产线上的高精尖产品、手工艺人栩栩如生的作品……报守元一、潜心钻研、精益求精，这就是中国的工匠精神。青年学生要懂得职业没有高低贵贱之分，精益求精的品质追求、一丝不苟的职业态度、挑战自我的创新精神在各行各业都值得尊重和学习。学校在教育教学中，要以项目调研、实践体验的方式，让学生切身体会工匠精神，并切实运用到自身职业技能的学习和提升中。

（三）以劳动体验提升青年学生的职业素养

青年学生职业素养的提升，需要多方协同。一是打造学习资源库，搭建数字化、个性化、智能化平台，持续更新网络教学资源。二是充分利用空间载体，在图书馆特定区域建立劳动文化特色书库，在工匠文化传承的重要基地建设工匠精神文化长廊。三是讲好中国"工匠故事"，用好现有资源，如央视拍摄的《大国工匠》《我在故宫修文物》《大国重器》等纪录片都很好地弘扬了中国工匠精神。学校要充分利用现有资源，实现虚拟教育与场景教育的多元融合。

劳动体验是高校劳动教育和职业生涯规划教育的一个重点和难点。不少高校受制于师资、场地等，在劳动体验课程教学方面还处在摸着石头过河的阶段。当前，高校要打破传统思维，丰富劳动实践形式。例如，劳动体验既可以是长时段的兼职、实习、勤工俭学，也可以是一次志愿服务活动、一场暑期社会实践、一个项目调研，或一次会议布置、一个活动策划、一次家庭午餐会等。学生全程参与，记录职业体验或者劳动体验，总结劳动收获。

三、生态化融合式职业生涯规划教育实践案例：上海师范大学

上海师范大学是上海市重点建设高校，是一所以文科见长并具有教师教育特色的文、理、工、艺等学科协调发展的综合性大学。上海师范大学创建于 1954 年，1981 年被国务院学位委员会确定为首批硕士学位授予单位，1986 年被批准为博士学位授予单位，2017 年入选教育部卓越教师培养计划实施院校。2019 年，上海师范大学成为上海市高水平地方高校（学科）建设试点单位。[①] 上海师范大学面向师范生的职业生涯规划教育特色鲜明，对其他地方高校具有较大的参考价值。

（一）上海师范大学职业生涯规划教育的探索

1. 起步较早，积极探索

2004 年 11 月 12 日，《新民晚报》头版头条刊发《上海师范大学职业生涯规划指导从大一开始——进门就想出事》，报道了上海师范大学二级学院陆续自发开展职业生涯规划的情况。2003 年，上海师范大学商学院首先推出职业生涯设计大赛、模拟招聘、职业技能擂台赛等活动，开始尝试指导学生进行职业生涯规划。学校每个月举办两场成才就业讲座，启发学生思考自己未来的职业生涯。在商学院，学生在参加活动的过程中会主动上网收集资料、进行自我分析、请朋友出谋划策；有的积极参加比赛，即使是旁观者也受益匪浅。在法政学院，老师请来人力资源专家，通过"一对一"的问卷调查等评测工具，分析学生的性格，结合学生的专业背景分析其职业前景并提出建议。[②] 有这样一个案例：某学生性格外向，喜欢打篮球，但

---

① 学校介绍 [EB/OL].（2021-12-21）[2022-10-30].https：//www.shnu.edu.cn/19/list.htm.

② 上海师范大学职业规划指导从大一开始：进门就想出门事 [EB/OL].（2004-11-15）[2022-10-30]. http：//xw.shnu.edu.cn/35/bf/c23065a603583/page.htm.

他的职业选择是行政工作。专家在仔细分析后给出建议：如果要从事这个行业，应克服性格中和这个职业有冲突的部分。接地气的落实措施，让学生实实在在受益，为学校职业生涯规划教育的推进夯实了主体基础。

2. 稳步推进，面向全体

2010 年，上海师范大学探索将职业生涯规划和就业指导课程纳入第一课堂，引导学生进行自我探索和行业探索，率先开设职业生涯规划的选修课。2012 年，上海师范大学向 5000 名本科生开设就业指导必修课，覆盖师范生和非师范生，使用统一的教材和教案。在这一阶段，课程授课内容较为宽泛，主要围绕自我探索和行业探索展开，引导学生更好地匹配工作、规划未来职业。2015 年，上海师范大学面向全体学生推出了职业生涯规划校本教材，使教学内容更贴合学生实际，教学案例更易共情。① 上海师范大学将第一课堂的学习拓展到校园活动，活动紧密贴合学生特点，充分考虑学生的需求，不断丰富活动内容和活动形式。上海师范大学的"金色启航"生涯教育月品牌活动已连续开展多年，其中"生涯嘉年华"采用生涯体验式游园会的方式开展，让组织活动的学生、参与活动的学生从不同的角度体验职业生涯规划的意义。上海师范大学职业生涯规划大赛已经连续举办了十余届，各学院的初赛在面上覆盖了参与的学生，学校的决赛以及更高级别的比赛则拓宽了学生的视野。该项赛事切实培养了学生的职业生涯规划意识和能力。

3. 分析需求，走出特色

"为了每一个学生的终身发展"，这是教育改革和发展的核心理念。职业生涯是个体人生历程的重要组成，职业生涯发展是终身发展的核心内容。今天的高等学校师范生，是未来走向中小学教师岗位的中坚力量。因此，职业生涯规划教育在高校师范生中的落实，不仅对当下在高校求

---

① 韩刚. 师范生职业发展教育与生涯发展指导能力的协调培养 [J]. 生涯发展教育研究，2020（4）：58—63.

学的学生具有重要意义，更对前移职业生涯规划教育阵地，形成从中小学到大学不同学段的一体化的职业生涯教育体系具有重大的意义。上海师范大学面向师范生推出的职业生涯规划系列活动、定制化的课程教材《师范生职业发展与就业创业指导》，为探索各级各类学校学生职业生涯发展教育的有效模式和途径筑牢了基础。学生的需求点就是学校工作的突破点，2020年，面对疫情下学生进出学校受限的实际情况，上海师范大学急学生所急，汇集专业力量开展云端辅导、云端咨询，开设云上微讲座。借助徐汇区就业促进中心的资源，联合推出"乐咨询""乐微课"，让更多的毕业学子实实在在地受益。

4. 融合劳动教育，教学形式多样化

上海师范大学持续开展"人生导师"系列沙龙活动，邀请全国劳动模范、全国模范教师、工匠典型人物等走近青年学生，讲述奋斗历程、分享成功经验，引领学生们崇尚劳动，感悟"劳动创造幸福，实干成就伟业"的道理。校内各二级学院成立"身边的劳动者寻访小组"，通过线下访谈、电话采访或视频连线形式，访谈身边的劳动者，聆听劳动者的故事。实施"劳动教育启航计划"，组织学生赴校外参观知名企业，聆听"劳动关系管理"主题讲座，系统了解劳动法规，从而树立正确的劳动观、择业观和职业价值观。联合徐汇区就业促进中心打造"师大学子专属的一小时职业导师计划"，每年近20名上海市就业服务专家志愿者在线为学生提供指导。举办"模拟求职大赛""微创业大赛"等职业赛事，挖掘具有职业意识和就业竞争力的学生典型。多样化的职业生涯规划教育让学生从各个途径都能汲取成长的营养。

（二）上海师范大学职业生涯规划教育的成效

1. 以创建教师职业生涯"指南针"为主线，突出行业特色

上海师范大学面向师范生的职业生涯规划，指向性明显，行业性突

出。经过几年的探索和实践，积累了丰富的经验。例如，针对"教师的职业理想与信念"这一主题，在课程教学中专门设置讨论环节，从"新时代需要什么样的教师观""'四有'好教师是什么样的"等问题导入，让学生讲述身边的"四有"好教师，引导学生思考"我是谁""我准备做什么""我信仰什么"，从而形成职业发展的内驱力。2020年9月，学校出版了面向师范生的定制化课程教材《师范生职业发展与就业创业指导》。

2.学习职业生涯规划理论和职业生涯规划工具，为今后的教师职业生涯蓄能

师范生作为不同学科的任课教师，今后走上工作岗位，既可能从事班主任、教育管理工作，也可能专门从事某一学科的教学工作。而基本的职业生涯指导能力是每一位教师都应该具备的，师范生具备职业生涯规划意识、掌握职业生涯规划工具，他日走上工作岗位，作为老师的他们自然就不会仅仅关注学生的成绩，而是会重视分析学生的个性特征、兴趣爱好，重视学生的心理品质、意志培养。

3.加强价值引领"筑同心"，就业质量明显提升

上海师范大学在毕业生中广泛开展爱国主义教育，注重基层就业思想引领，设置基层就业奖学金。2020年，先后邀请资深职业经理人、基层就业校友、退伍兵代表开设云沙龙67场。上海师范大学微信公众号持续推送40余篇西藏专招生文章，讲述支扶学子、征兵入伍学子代表的基层故事，鼓励学生把专业特长、自身发展和国家需要相结合。

从上海师范大学2020届毕业生的就业满意度看，98.53%的毕业生对就业表示满意。从外部评价看，用人单位对上海师范大学毕业生认可度最高的三项指标分别为毕业生的敬业精神和职业道德（9.45分）、团队意识与合作精神（9.30分）、工作的稳定程度（9.22分）。从2020届毕业生就业行业分布来看，居首位的是教育行业（2401人），占全校就业毕业生总数

的 52.57%。其中赴基础教育单位就业的人数最多，占教育行业就业总数的 80.80%。赴基础教育单位就业的毕业生中，去往小学就业的人数最多，占基础教育单位就业总人数的 45.51%；其次是赴初中就业的人数，占赴基础教育单位就业总人数的 41.12%。[①]

上海师范大学 2021 届本科就业率为 94.18%。从毕业生就业行业分布看，协议和合同就业毕业生就业行业主要集中在教育业，占比为 50.80%。从毕业生就业满意度看，99.51% 的毕业生对就业状况表示满意。从用人单位的评价反馈看，用人单位对学校毕业生的总体满意度达 98.40%，其中认可度最高的三项指标分别为遵守相关规章制度和劳动纪律（99.30%）、本职工作完成情况（97.50%）、对待工作的态度（97.50%）。[②]

从用人单位对 2020 届、2021 届毕业生认可度最高的三项指标来看，上海师范大学将职业生涯规划教育与劳动教育相融合的举措有效提升了学生的职业素养。

知识拓展

大中小学劳动教育指导纲要（试行）

为深入贯彻习近平总书记关于教育的重要论述，全面贯彻党的教育方针，落实《中共中央 国务院关于全面加强新时代大中小学劳动教育的意见》，加快构建德智体美劳全面培养的教育体系，制定本指导纲要。

------

① 2020 届毕业生就业质量年度报告 [EB/OL].（2021–03–18）[2022–10–30]. http://xgb.shnu.edu.cn/3c/67/c17541a736359/page.htm.

② 2021 届毕业生就业质量年度报告 [EB/OL].（2022–02–23）[2022–10–30]. http：//xxgk.shnu.edu.cn/92/c4/c18132a758468/page.htm.

一、劳动教育性质和基本理念

（一）劳动教育性质

劳动是创造物质财富和精神财富的过程，是人类特有的基本社会实践活动。劳动教育是发挥劳动的育人功能，对学生进行热爱劳动、热爱劳动人民的教育活动。当前实施劳动教育的重点是在系统的文化知识学习之外，有目的、有计划地组织学生参加日常生活劳动、生产劳动和服务性劳动，让学生动手实践、出力流汗，接受锻炼、磨炼意志，培养学生正确劳动价值观和良好劳动品质。

劳动教育是新时代党对教育的新要求，是中国特色社会主义教育制度的重要内容，是全面发展教育体系的重要组成部分，是大中小学必须开展的教育活动。它具有鲜明的思想性，必须将马克思主义劳动观贯彻始终，强调劳动是一切财富、价值的源泉，劳动者是国家的主人，一切劳动和劳动者都应该得到鼓励和尊重；倡导通过诚实劳动创造美好生活、实现人生梦想，反对一切不劳而获、崇尚暴富、贪图享乐的错误思想。具有突出的社会性，必须加强学校教育与社会生活、生产实践的直接联系，发挥劳动在个人与社会之间的纽带作用，引导学生认识社会，增强社会责任感；同时注重让学生学会分工合作，体会社会主义社会平等、和谐的新型劳动关系。具有显著的实践性，必须面向真实的生活世界和职业世界，引导学生以动手实践为主要方式，在认识世界的基础上，获得有积极意义的价值体验，学会建设世界，塑造自己，实现树德、增智、强体、育美的目的。

（二）劳动教育基本理念

1.强化劳动观念，弘扬劳动精神。将劳动观念和劳动精神教育贯穿人才培养全过程，贯穿家庭、学校、社会各方面。注重让学生在学习和掌握基本劳动知识技能的过程中，领悟劳动的意义价值，形成勤俭、奋斗、创新、奉献的劳动精神。

2.强调身心参与，注重手脑并用。把握劳动教育的根本特征，让学生面对真实的个人生活、生产和社会性服务任务情境，亲历实际的劳动过程，善于观察思考，注重运用所学知识解决实际问题，提高劳动质量和效率。

3.继承优良传统，彰显时代特征。在充分发挥传统劳动、传统工艺项目育人功能的同时，紧跟科技发展和产业变革，准确把握新时代劳动工具、劳动技术、劳动形态的新变化，创新劳动教育内容、途径、方式，增强劳动教育的时代性。

4.发挥主体作用，激发创新创造。关注学生劳动过程中的体验和感悟，引导学生感受劳动的艰辛和收获的快乐，增强获得感、成就感、荣誉感。鼓励学生在学习和借鉴他人丰富经验、技艺的基础上，尝试新方法、探索新技术，打破僵化思维方式，推陈出新。

二、劳动教育目标和内容

（一）总体目标

准确把握社会主义建设者和接班人的劳动精神面貌、劳动价值取向和劳动技能水平的培养要求，全面提高学生劳动素养，使学生：

树立正确的劳动观念。正确理解劳动是人类发展和社会进步的根本力量，认识劳动创造人、劳动创造价值、创造财富、创造美好生活的道理，尊重劳动，尊重普通劳动者，牢固树立劳动最光荣、劳动最崇高、劳动最伟大、劳动最美丽的思想观念。

具有必备的劳动能力。掌握基本的劳动知识和技能，正确使用常见劳动工具，增强体力、智力和创造力，具备完成一定劳动任务所需要的设计、操作能力及团队合作能力。

培育积极的劳动精神。领会"幸福是奋斗出来的"内涵与意义，继承中华民族勤俭节约、敬业奉献的优良传统，弘扬开拓创新、砥砺奋进的时代精神。

养成良好的劳动习惯和品质。能够自觉自愿、认真负责、安全规范、坚持不懈地参与劳动，形成诚实守信、吃苦耐劳的品质。珍惜劳动成果，养成良好的消费习惯，杜绝浪费。

（二）主要内容

主要包括日常生活劳动、生产劳动和服务性劳动中的知识、技能与价值观。日常生活劳动教育立足个人生活事务处理，结合开展新时代校园爱国卫生运动，注重生活能力和良好卫生习惯培养，树立自立自强意识。生产劳动教育要让学生在工农业生产过程中直接经历物质财富的创造过程，体验从简单劳动、原始劳动向复杂劳动、创造性劳动的发展过程，学会使用工具，掌握相关技术，感受劳动创造价值，增强产品质量意识，体会平凡劳动中的伟大。服务性劳动教育让学生利用知识、技能等为他人和社会提供服务，在服务性岗位上见习实习，树立服务意识，实践服务技能；在公益劳动、志愿服务中强化社会责任感。

（三）学段要求

1. 小学

低年级：以个人生活起居为主要内容，开展劳动教育，注重培养劳动意识和劳动安全意识，使学生懂得人人都要劳动，感知劳动乐趣，爱惜劳动成果。指导学生：（1）完成个人物品整理、清洗，进行简单的家庭清扫和垃圾分类等，树立自己的事情自己做的意识，提高生活自理能力；（2）参与适当的班级集体劳动，主动维护教室内外环境卫生等，培养集体荣誉感；（3）进行简单手工制作，照顾身边的动植物，关爱生命，热爱自然。

中高年级：以校园劳动和家庭劳动为主要内容开展劳动教育，体会劳动光荣，尊重普通劳动者，初步养成热爱劳动、热爱生活的态度。

指导学生：（1）参与家居清洁、收纳整理，制作简单的家常餐等，每年学会1—2项生活技能，增强生活自理能力和勤俭节约意识，培养家庭责任感；（2）参加校园卫生保洁、垃圾分类处理、绿化美化等，适当参加社区环保、公共卫生等力所能及的公益劳动，增强公共服务意识；（3）初步体验种植、养殖、手工制作等简单的生产劳动，初步学会与他人合作劳动，懂得生活用品、食品来之不易，珍惜劳动成果。

2. 初中

兼顾家政学习、校内外生产劳动、服务性劳动，安排劳动教育内容，开展职业启蒙教育，体会劳动创造美好生活，养成认真负责、吃苦耐劳的劳动品质和安全意识，增强公共服务意识和担当精神。让学生：（1）承担一定的家庭日常清洁、烹饪、家居美化等劳动，进一步培养生活自理能力和习惯，增强家庭责任意识；（2）定期开展校园包干区域保洁和美化，以及助残、敬老、扶弱等服务性劳动，初步形成对学校、社区负责任的态度和社会公德意识；（3）适当体验包括金工、木工、电工、陶艺、布艺等项目在内的劳动及传统工艺制作过程，尝试家用器具、家具、电器的简单修理，参与种植、养殖等生产活动，学习相关技术，获得初步的职业体验，形成初步的生涯规划意识。

3. 普通高中

注重围绕丰富职业体验，开展服务性劳动和生产劳动，理解劳动创造价值，接受锻炼、磨炼意志，具有劳动自立意识和主动服务他人、服务社会的情怀。指导学生：（1）持续开展日常生活劳动，增强生活自理能力，固化良好劳动习惯；（2）选择服务性岗位，经历真实的岗位工作过程，获得真切的职业体验，培养职业兴趣；积极参加大型赛事、社区建设、环境保护等公益活动、志愿服务，强化社会责任意识和奉献精神；（3）统筹劳动教育与通用技术课程相关内容，从工业、农业、现代服务业以及中华优秀传统文化特色项目中，自主选择1—2项生产劳动，经历完整的实践过程，提高创意物化能力，养成吃苦耐劳、精益求精的品质，增强生涯规划的意识和能力。

4. 职业院校

重点结合专业特点，增强职业荣誉感和责任感，提高职业劳动技能水平，培育积极向上的劳动精神和认真负责的劳动态度。组织学生：(1)持续开展日常生活劳动，自我管理生活，提高劳动自立自强的意识和能力；(2)定期开展校内外公益服务性劳动，做好校园环境秩序维护，运用专业技能为社会、为他人提供相关公益服务，培育社会公德，厚植爱国爱民的情怀；(3)依托实习实训，参与真实的生产劳动和服务性劳动，增强职业认同感和劳动自豪感，提升创意物化能力，培育不断探索、精益求精、追求卓越的工匠精神和爱岗敬业的劳动态度，坚信"三百六十行，行行出状元"，体认劳动不分贵贱，任何职业都很光荣，都能出彩。

5. 普通高等学校

强化马克思主义劳动观教育，注重围绕创新创业，结合学科专业开展生产劳动和服务性劳动，积累职业经验，培育创造性劳动能力和诚实守信的合法劳动意识。使学生：(1)掌握通用劳动科学知识，深刻理解马克思主义劳动观和社会主义劳动关系，树立正确的择业就业创业观，具有到艰苦地区和行业工作的奋斗精神；(2)巩固良好日常生活劳动习惯，自觉做好宿舍卫生保洁，独立处个人生活事务，积极参加勤工助学活动，提高劳动自立自强能力；(3)强化服务性劳动，自觉参与教室、食堂、校园场所的卫生保洁、绿化美化和管理服务等，结合"三支一扶"、大学生志愿服务西部计划、"青年红色筑梦之旅""三下乡"等社会实践活动开展服务性劳动，强化公共服务意识和面对重大疫情、灾害等危机主动作为的奉献精神；(4)重视生产劳动锻炼，积极参加实习实训、专业服务和创新创业活动，重视新知识、新技术、新工艺、新方法的运用，提高在生产实践中发现问题和创造性解决问题的能力，在动手实践的过程中创造有价值的物化劳动成果。

三、劳动教育途径、关键环节和评价

(一)劳动教育途径

将劳动教育纳入人才培养全过程，丰富、拓展劳动教育实施途径。

1. 独立开设劳动教育必修课

在大中小学设立劳动教育必修课程。中小学劳动教育课平均每周不少于1课时，用于活动策划、技能指导、练习实践、总结交流等，与通用技术和地方课程、校本课程等有关内容进行必要统筹。职业院校开设劳动专题教育必修课，不少于16学时；主要围绕劳动精神、劳模精神、工匠精神、劳动组织、劳动安全和劳动法规等方面设计。普通高等学校要将劳动教育纳入专业人才培养方案，明确主要依托的课程，可在已有课程中专设劳动教育模块，也可专门开设劳动专题教育必修课，本科阶段不少于32学时；课程内容应加强马克思主义劳动观教育，普及与学生职业发展密切相关的通用劳动科学知识，并经历必要的实践体验。

2. 在学科专业中有机渗透劳动教育

中小学道德与法治（思想政治）、语文、历史、艺术等学科要有重点地纳入劳动创造人本身、劳动创造历史、劳动创造世界、劳动不分贵贱等马克思主义劳动观，纳入歌颂劳模、歌颂普通劳动者的选文选材，纳入阐释勤劳、节俭、艰苦奋斗等中华民族优良传统的内容，加强对学生辛勤劳动、诚实劳动、合法劳动等方面的教育。数学、科学、地理、技术、体育与健康等学科要注重培养学生劳动的科学态度、规范意识、效率观念和创新精神。

职业院校要将劳动教育全面融入公共基础课，要强化马克思主义劳动观、劳动安全、劳动法规教育。专业课在进行职业劳动知识技能教学的同时，注重培养"干一行爱一行"的敬业精神，吃苦耐劳、团结合作、严谨细致的工作态度。

普通高等学校要将劳动教育有机纳入专业教育、创新创业教育，不断深化产教融合，强化劳动锻炼要求，加强高等学校与行业骨干企业、高新企业、中小微企业紧密协同，推动人才培养模式改革。专业类课程主要与服务学习、实习实训、科学实验、社会实践、毕业设计等相结合开展各类劳动实践，注重分析相关劳动形态发展趋势，强化劳动品质培养。在公共必修课中，要进一步强化马克思主义劳动观教育、劳动相关法律法规与政策教育。

3. 在课外校外活动中安排劳动实践

将劳动教育与学生的个人生活、校园生活和社会生活有机结合起来，丰富劳动体验，提高劳动能力，深化对劳动价值的理解。

中小学每周课外活动和家庭生活中劳动时间，小学1至2年级不少于2小时，其他年级不少于3小时；职业院校和普通高等学校要明确生活中的劳动事项和时间，纳入学生日常管理工作。

大中小学每学年设立劳动周，采用专题讲座、主题演讲、劳动技能竞赛、劳动成果展示、劳动项目实践等形式进行。小学以校内为主，小学高年级可适当安排部分校外劳动；普通中学、职业院校和普通高等学校兼顾校内外，可在学年内或寒暑假安排，以集体劳动为主，由学校组织实施。高等学校也可安排劳动月，集中落实各学年劳动周要求。

4. 在校园文化建设中强化劳动文化

学校要将劳动习惯、劳动品质的养成教育融入校园文化建设之中。要通过制定劳动公约、每日劳动常规、学期劳动任务单，采取与劳动教育有关的兴趣小组、社团等组织形式，结合植树节、学雷锋纪念日、五一劳动节、农民丰收节、志愿者日等，开展丰富的劳动主题教育活动，营造劳动光荣、创造伟大的校园文化。

要举办"劳模大讲堂"、"大国工匠进校园"、优秀毕业生报告会等劳动榜样人物进校园活动，组织劳动技能和劳动成果展示，综合运用讲座、宣传栏、新媒体等，广泛宣传劳动榜样人物事迹，特别是身边的普通劳动者事迹，让师生在校园里近距离接触劳动模范，聆听劳模故事，观摩精湛技艺，感受并领悟勤勉敬业的劳动精神，争做新时代的奋斗者。

（二）劳动教育关键环节

各地和学校要注重围绕劳动教育的目标和内容要求，从提高劳动教育的效果出发，把握劳动教育任务的特点，抓住关键环节，选择适宜的劳动教育方式。

1. 讲解说明。围绕劳动为什么、是什么问题，有重点地进行讲解，让学生懂得劳动的意义和价值。加强劳动观念、劳动纪律、劳动相关法律法规的正面引导，指明轻视劳动特别是轻视普通劳动的危害，让学生明辨是非。加强劳动知识技能的讲解，让学生认清事理，掌握实践操作的基本原理、程序、规则，正确使用工具的方法和技术。讲解要与启发思考、示范、练习等结合起来。

2. 淬炼操作。围绕如何做的问题，注重示范与练习，让学生会劳动。强化规范意识，注重从最基本的程序学起，严守规则，避免主观随意。强化质量意识，注重引导学生关注细节，每个步骤、环节都要精准到位。强化专注品质，注重引导学生对操作行为的评估与监控，做到眼到手到心到，有始有终。

3. 项目实践。围绕劳动能力的培养，让学生完成真实、综合任务，经历完整劳动过程。注重劳动价值体认，引导学生从现实生活中发现需求，选择和确定劳动项目。强化规划设计意识，充分发挥学生的主动性、积极性、创造性，引导学生对项目实践进行整体构思，综合运用所学知识、技术，不断优化行动方案。强化身体力行，锤炼意志品质，敢于在困难与挑战中完成行动任务。

4.反思交流。围绕劳动价值意义的建构，引导学生总结、交流，促进学生形成反思交流习惯。指导学生思考劳动过程和结果与社会进步、个体成长的关联，避免停留在简单的苦乐体验上。组织学生交流分享劳动的体验和收获，肯定具有积极意义的认识，纠正观念上的偏差。将反思交流与改进结合起来，使学生在劳动中获得成长。

5.榜样激励。围绕劳动的精神追求，树立典型，激发劳动热情。注意遴选、树立多类型榜样，不仅要有大国工匠、劳动模范，还要有身边劳动表现优异的普通劳动者和同学。指导学生从榜样的具体事迹中领悟他们的高尚精神和优良品质。明确要求学生在日常劳动实践中努力向榜样看齐。

（三）劳动教育评价

将劳动素养纳入学生综合素质评价体系。以劳动教育目标、内容要求为依据，将过程性评价和结果性评价结合起来，健全和完善学生劳动素养评价标准、程序和方法，鼓励、支持各地利用大数据、云平台、物联网等现代信息技术手段，开展劳动教育过程监测与记实评价，发挥评价的育人导向和反馈改进功能。

1.平时表现评价

要在平时劳动教育实践活动中及时进行评价，以评价促进学生发展。要覆盖各类型劳动教育活动，明确学年劳动实践类型、次数、时间等考核要求。关注学生在劳动教育活动中的实际表现，注重从行为表现中分析把握劳动观念形成情况。以自我评价为主，辅以教师、同伴、家长、服务对象、用人单位等他评方式，指导学生进行反思改进。要指导学生如实记录劳动教育活动情况，收集整理相关制品、作品等，选择代表性的写实记录，纳入综合素质档案，作为学生学年评优评先的重要参考。

2. 学段综合评价

学段结束时，要依据学段目标和内容，结合综合素质档案分析，兼顾必修课学习和课外劳动实践，对劳动观念、劳动能力、劳动精神、劳动习惯和品质等劳动素养发展状况进行综合评定。建立诚信机制，实行写实记录抽查制度，对弄虚作假者在评优评先方面一票否决，性质严重的应依法依规严肃处理。在高中和大学开展志愿者星级认证。高中学校和高等学校要将考核结果作为毕业依据之一。推动将学段综合评价结果作为学生升学、就业的重要参考。

3. 开展学生劳动素养监测

将学生劳动素养监测纳入基础教育质量监测、职业院校教学质量评估和普通高等学校本科教学质量评估。可委托有关专业机构，定期组织开展关于学生劳动素养状况调查，注重学生劳动观念、劳动能力、劳动精神、劳动习惯和品质等的监测。发挥监测结果的示范引导、反馈改进等功能。

四、学校劳动教育的规划与实施

（一）整体规划劳动教育

学校是劳动教育的实施主体，应根据国家相关规定，结合当地和本校实际情况，对劳动教育进行整体设计、系统规划，形成劳动教育总体实施方案。方案要明确劳动教育目标内容、课时安排、主要劳动实践活动安排、劳动教育过程组织与指导及考核评价办法等。同时要基于学生的年段特征、阶段性教育要求，研究制定"学校学年（或学期）劳动教育计划"，对学年、学期劳动教育实践活动作出具体安排，特别是规划好劳动周等集中劳动，细化有关要求。使总体实施方案和学年（或学期）

活动计划相互配套、衔接，形成可持续开展的劳动教育实施方案。

学校在劳动教育规划时要注意处理以下几个方面的关系：

1. 理论学习和实践锻炼的关系

理论学习和实践锻炼都是劳动教育的必要内容。理论学习重在让学生理解和掌握"劳动创造了人本身""劳动创造世界"等历史唯物主义基本理论主张以及劳动相关法律、法规、政策，作为行动的指南。实践锻炼重在将所学知识转化为真正有用的实际本领，形成良好的劳动习惯，弘扬劳动精神。规划劳动教育时，要两者兼顾，坚持以实践锻炼为主，切实保证每一个学生都有必要的劳动实践经历，不能只是口头上喊劳动、课堂上讲劳动。要通过学生实践前的计划构想、实践中的观察思考和实践后的反思交流，加深对有关思想理论、法规政策的理解，实现理论学习和实践锻炼的统一。

2. 劳动教育与其他教育活动的关系

在开足专门劳动教育必修课的同时，中小学劳动教育必修课实践环节中与综合实践活动的社会服务、设计制作、职业体验重叠部分，可整合实施。职业院校、普通高等学校劳动教育中学生生产劳动和服务性劳动可以通过专业实习、实训、创新创业等实践环节完成，日常生活劳动可以通过学生管理落实。

3. 劳动的传统形态与新形态的关系

将日常生活劳动教育贯穿大中小学始终。在安排生产劳动和服务性劳动项目时，中小学要以使用传统工具、传统工艺的劳动为主，引导学生体会劳动人民的艰辛与智慧，传承中华优秀传统文化，兼顾使用新知识、新技术、新工艺、新方法的劳动。职业院校、普通高等学校要注重结合产业新业态、劳动新形态，选择现代农业、工业、服务业项目，提升创造性劳动能力。

（二）劳动教育的组织实施

1. 实施机构和人员

学校要建立健全劳动教育组织实施的工作机制。明确主管校领导，设置机构或明确相关部门负责劳动教育的规划设计、组织协调、资源整合、师资培训、过程管理、总结评价等。

要建立专兼职相结合的劳动教育教师队伍。根据学校劳动教育需要，明确劳动教育责任人，进行劳动教育规划、组织实施、评价等，配齐劳动教育必修课教师，保持教师队伍的相对稳定性。要充分发挥教职员工特别是班主任、辅导员、导师的作用，利用少先队、共青团、党组织以及学生社团等各方面的力量，合力开展劳动教育实践活动。充分利用家长及当地人力资源，聘请相关行业专业人士担任劳动实践指导教师。

2. 劳动安全风险防范与管理

学校要把劳动安全教育与管理作为组织实施的必要内容，强化劳动安全意识，建立健全安全教育与管理并重的劳动安全保障体系。

要依据学生身心发育情况，适度安排劳动强度、时长，切实关注劳动任务及场所设施的适宜性。科学评估劳动实践活动的安全风险，认真排查、清除学生劳动实践中的各种隐患。在场所设施选择、材料选用、工具设备和防护用品使用、活动流程等方面制定安全、科学操作规范，强化劳动过程每个岗位的管理，明确各方责任，防患于未然。制定劳动实践活动风险防控预案，完善应急与事故处理机制。要特别关注劳动过程中的卫生隐患，按照疾控、卫生健康部门及行业有关规定，采取相应措施，切实保护学生的身心健康。鼓励购买劳动教育相关保险。

3. 建立协同实施机制

中小学要推动建立以学校为主导、家庭为基础、社区为依托的协同实施机制，形成共育合力。学校要通过家长会、家长学校、社区宣讲、网络媒体等途径，引导家长树立正确的劳动观；明确家长的劳动教育责任，让家长主动指导和督促孩子完成家庭、社区劳动任务；学校要与相关社会实践基地共同开发并实施劳动教育课程。

职业院校、普通高等学校要建立学校负责规划设计，行业企业社会机构主要负责业务指导，双方共同管理的劳动教育实施机制。通过建立劳模工作室、技能大师工作室，设置荣誉教师、实务导师岗位等，多渠道引入社会力量参与学校劳动教育。要联合社会力量，共建共享稳定的劳动实践基地、校外实习实训基地、各类型创新创业孵化平台，多渠道拓展劳动实践场所。

五、劳动教育条件保障与专业支持

地方教育行政部门要切实加强对劳动教育工作的组织领导，明确机构和人员承担区域推进劳动教育的职责任务，切实加强条件保障、专业支持和督导评估，整体提高大中小学劳动教育质量和水平。

（一）条件建设

1. 丰富和拓展劳动实践场所

地方教育行政部门要统筹规划和配置劳动教育实践资源，满足学校多样化劳动实践需求。充分利用现有综合实践基地、青少年校外活动场所、职业院校和普通高等学校劳动实践场所，建立健全开放共享机制，特别是充分利用职业院校实训实习场所、设施设备，为普通中小学和普通高等学校提供所需要的服务。可安排一批土地、山林、草场等作为学农实践基地，确认一批厂矿企业作为学工实践基地，认定一批城乡社区、福利院、医院、博物馆、科技馆、图书馆等事业单位、社会机构、公共场所作为服务性劳动基地。推动学校充分利用校内学习、生活有关场所，逐步建好配齐劳动技术实践教室、实训基地，丰富劳动教育资源。

2. 加强师资队伍建设

要明确劳动课教师管理要求，保障劳动课教师在绩效考核、职称评聘、评先评优、专业发展等方面与其他专任教师享受同等待遇。推动中小学、职业院校与普通高等学校建立师资交流共享机制，发挥职业院校教师的专业优势，承担普通学校劳动教育教学任务。建立劳动课教师特聘制度，为学校聘请具有实践经验的社会专业技术人员、劳动模范等担任兼职教师创造条件。

高等学校要加强劳动教育师资培养，有条件的院校开设劳动教育相关专业。把劳动教育纳入教育行政干部、校长、教师、辅导员培训内容，开展全员培训，强化劳动意识、劳动观念，提升劳动教育的自觉性。对承担劳动教育课程的教师进行专项培训，提高劳动育人意识和专业化水平。

3. 健全经费投入机制

各地要统筹中央补助资金和自有财力，多种形式筹措资金，加快建设校内劳动教育场所和校外劳动教育实践基地，加强学校劳动教育设施建设，建立学校劳动教育器材、耗材补充机制。学校可按照规定统筹安排公用经费等资金开展劳动教育，可采取政府购买服务方式，吸引社会力量提供劳动教育服务。

（二）加强专业研究和指导

1. 加强劳动教育研究与指导

在全国教育科学规划、教育部人文社会科学研究项目中支持劳动教育研究。地方教育行政部门鼓励和支持相关机构设立劳动教育研究项目。设立一批试验区或试验学校，注重开展跟踪研究、行动研究。举办论坛讲座，营造良好学术氛围。

各级中小学教研机构要配备劳动教育教研员，组织开展专题教研、区域教研、网络教研，通过协同创新、校际联动、区域推进，提高劳动教育整体实施水平。鼓励高等学校依托有关专业机构开展劳动教育教学研究。

2.组织开展劳动教育课程资源研发

基于劳动教育教学的实际需要，省级教育行政部门明确中小学劳动实践指导手册编写要求，体现"一纲多本"，满足不同地区学校的多样化需求，负责组织审查。职业院校可组织编写劳动精神、劳模精神、工匠精神专题读本，由编写院校或委托专业机构进行审查。鼓励学校、学术团体、专业机构等收集整理反映劳动先进人物事迹和精神的影视资料，组织研发展示劳动过程、劳动安全要求的数字资源，梳理遴选来自教学一线的典型案例和鲜活经验，形成分学段、分专题的劳动教育课程资源包，促进优质资源的共享与使用。

（三）督导评估与激励

1.加强对学校劳动教育实施情况的督查

把劳动教育纳入教育督导体系，完善督导办法。对地方各级人民政府和有关部门保障劳动教育情况进行督导。对学校劳动教育开课率、学生劳动实践组织的有序性，教学指导的针对性，保障措施的有效性等进行督查和指导。督导结果要向社会公开，作为衡量区域教育质量和水平的重要指标，作为对被督导部门和学校及其主要负责人考核奖惩的依据。

2.建立健全劳动教育激励机制

在国家级、省级教学成果奖励中，将劳动教育教学成果纳入评奖范围，对优秀成果予以奖励。依托有关专业组织、教科研机构等开展劳动教育经验交流和成果展示活动，激发广大教师实践创新的潜能和动力。积极协调新闻媒体传播劳动光荣、创造伟大思想，大力宣传劳动教育先进学校、先进个人。

PROSPECT

展
望

教育的本质是促进人的全面发展，职业生涯规划教育注重唤醒个体内在的生长力。融合式教育正是把学科知识学习和可迁移能力融为一体的一种教学理念。

一、应用型高校要倡导融合式职业生涯规划教学理念

应用型高校是相对于研究型大学而言的，是在中国经济建设现代化和高等教育大众化推动下产生的一种新型的本科教育。应用型高校以培养应用型、创新型人才为主要目标，以应用研究为主攻方向。应用型高校的培养目标，决定了它在培养路径和方式上要有自己的特色，培养出来的学生要具有可迁移的通用技能、特定的专业技能。同时，应用型高校的人才培养要充分发挥职业生涯规划教育的作用，激发学生的内驱力和主体意识；既要培养学生的职业生涯规划意识，促进学生自我成长，又要有自身的特色，即在育人方式上注重产教融合、实践教学，在培养目标上侧重学生职业能力的塑造。

本书所述的融合式职业生涯教育理念是一项系统工程，各高校的推出重点有所不同，有的强调与思想政治教育的融合，有的强调与专业教育的融合，有的强调与实践教学的融合，有的强调与劳动教育的融合。融合不是各取所需，而是要实现"1+1>2"的效果。在应用型高校的职业生涯规划教育中，融合是一种方式，其职业生涯规划的引路作用不能忽视。

二、应用型高校要建立成长跟踪式职业生涯规划教育机制

生涯教育是贯穿一生、持续循环的过程。"成长"是一个动态的概念，

是自身不断变得成熟稳重的一个变化过程。"跟踪"是对轨迹的了解和记录。心灵成长是个体的一种觉醒，是个体在满足自我基本需求的基础上，在精神层面实现自我价值的感受、体验和领悟。[①]成长跟踪式职业生涯规划教育强调过程性，重视学习的各个阶段的衔接以及学生的主体性。

（一）毕业生就业质量报告是一面镜子

2013年11月，教育部办公厅印发《关于编制发布高校毕业生就业质量年度报告的通知》，各地高校抓紧落实，在规定时间分别在学校网站发布了2013届毕业生就业质量年度报告。这是很多高校首次公开发布毕业生就业质量报告。这既是学校自身对人才培养成效的梳理，也是学校办学特色和工作成效的凝练。一些高校除了公布毕业生就业的基本情况，还通过第三方机构调研用人单位对毕业生的满意度、毕业生对学校的满意度等一系列指标。就业质量报告也是高校及时回应社会关切、接受社会监督的重要窗口。毕业生就业质量报告就像一面镜子，外部人士可以从中了解学生真实的就业情况以及学校各专业院系的人才培养特点。高校要用好这面镜子，进一步完善就业状况反馈机制，及时发现问题、分析问题并解决问题，不断总结和创新培养模式，切实强化以生为本的育人理念。

（二）教师教学质量报告是一面旗帜

如果说高校毕业生就业质量报告是对人才培养结果的衡量，那么高校本科教学质量报告就是对人才培养过程的梳理和衡量。例如，常州工学院发布的本科教学质量报告详细介绍了本科教育基本情况、师资和教学条件、教学建设与改革、专业培养能力、教学质量保障体系等方面的情况，并对学生学习效果、教学特色凝练、需要解决的问题进行分析与反思。这反映了学校对本科教学工作的重视。

---

① 陈洁瑜，经媛，陈泽伟，等. 广东大学生心灵成长与亚健康状态的相关性[J]. 广东医学，2017（6）：932-936.

（三）校友跟踪调研服务是一项口碑传承

校友是熟悉校园环境、教学条件，有直观教学感受的一个群体；又是已经走出校园、进入社会，希望母校更好发展的一个群体；是比社会其他人员更熟悉学校，比校内师生更能客观评价学校教育质量的一个群体。因此，做好校友的跟踪调研服务，既能体现学校对校友的关心和关注，也可以让学校对校友毕业后五年、十年甚至更长时间的职业生涯发展有更直观的了解。例如，邀请校友进校园，他们讲述的成长经历让校园学子更能感同身受，他们提出的建议更能契合学生的需求；走出校园看校友，是校园人文的传递，是校友和母校情感的联结；对校友进行问卷调查，其对学校优劣势的评价更真诚，给出的建议更中肯；校友在社会上树立的形象，集中体现了学校的人才培养特色。

三、应用型高校要培养学生对职业生涯规划的解构与建构能力

如果说协同是一种配合、一种分工协作，那么融合就是一种建立在认识、感知、思考基础上的解构与建构。作为教学的组织者，要在思想政治教育中融合职业生涯规划教育，让思想政治教育具体化、显性化，使学生能够更好地理解个人价值和社会价值的统一；要在专业教育中融合职业生涯规划教育，通过知识点的重新建构，促进学生主动学习；要在劳动教育中融合职业生涯规划教育，使劳动观和职业价值观的黏性更强，让劳动教育成为个体主动寻求的教育场域。各类教育的融合，使理念引导、知识传授、能力培养、素养提升的关联性更强，使学生对知识的解构和建构效率更高。

（一）个人生涯发展在变化中螺旋式前进

个人生涯发展是一个漫长的过程，职业生涯目标指引方向、贯穿一生，但这并不意味着具体的目标是永恒的、个人的职业是一成不变的。

生涯之学就是应变之学，是每一个人在生活中不断实践、认知、修正、再实践的过程。根据职业生涯冲击理论，每个人在职业发展的过程中都可能遇到这样或那样的冲击事件。面对生涯冲击，个体也能凭借自身所掌握的社会资源，启动社会防御机制。具备良好心理韧性的个体，会在生涯冲击后对职业发展作出重新评估和自我调整。无论是积极的生涯冲击还是消极的生涯冲击，都可能存在两面性。积极的职业生涯冲击也可能让个体陷入职业满足的"陷阱"，不再追求更高的职业目标，造成职业发展的停滞不前。面对消极的生涯冲击，要以积极的心态解构个人的职业兴趣、职业能力、职业内容，增强职业胜任力。

（二）解构和建构能力的培养是一项硬任务

解构能力和建构能力的培养对个人职业生涯发展至关重要。解构和建构活动对每个人来说其实并不陌生。儿童时期，拆分玩具就是一个解构的过程，重新组装玩具就是一个建构的过程。教师的教学组织事实上也是建构能力的体现：课程的知识点就是原材料；教学设计方案或者他人的课件是教师需要解构的材料；重新设计教学方案，按照新的教学理念、采取有效的方式授课，就是教师教学的建构过程。对学生来说，提高建构能力，关键是培养空间想象能力、思维能力和基本科学素养。2015年10月，"斯坦福2025"系列网站上线，系统阐述了斯坦福大学"2025计划"项目成果，对未来建构能力的培养作出了大胆设计。该计划"四大核心设计"之一的"轴翻转"（axis flip），强调能力第一、知识第二，将"先知识后能力"反转为"先能力后知识"。能力成为斯坦福大学学生本科学习的基础，这对我国高校"能力本位"的应用型人才培养模式改革具有借鉴意义。

高校职业生涯规划教育是面向未来的教育，是面向个性化发展的教育，它的作用是内在的、持续的。提升大学生职业生涯规划教育的质量，仅靠职业生涯相关课程的学习是不够的，单靠个人的主观努力也是不够的。这是一个系统的工程，需要校内校外共同的政策支持，需要课内课外的协同，需要不同课程的融合，需要师资、平台、教材、活动等的全方位支撑。本书提出了职业生涯规划教育的四种融合模式，以浙江万里学院、上海师范大学、南昌航空大学、常州工学院 4 所应用型高校为例，进行融合式职业生涯规划教育的多维探索。本书的研究表明，每一种融合的主体、每一所高校的融合方式，其实并不是单一存在的，而是不同模式交叉，只是侧重点有差异，这更加体现了开展"应用型高校融合式职业生涯规划教育探索"的意义和价值。希望每所高校在凝练发展特色的同时，能够兼顾学生的差异化发展，为学生提供多样化的平台和渠道支撑，不让一个学生掉队。

参考文献

A. F. 奥斯本 . 创造性想象 [M]. 盖连香，王明利，译 . 广州：广东人民出版社，1987.

包艳华，马永红，Georg Kruecken，等 . 德国毕业生跟踪调查研究的理念和模式 [J]. 中国高等教育，2017（5）：60–63.

蔡斯敏 . 社会个体化时代趋向下人的主体性及其实现路向 [J]. 广西社会科学，2019（3）：90–95.

陈洁瑜，经媛，陈泽伟，等 . 广东大学生心灵成长与亚健康状态的相关性 [J]. 广东医学，2017（6）：932–936.

陈静 . 高校主导型创业教育生态系统构建研究 [D]. 长春：东北师范大学，2017.

陈鹏 . 美、加、澳三国大学生生涯辅导的实践及对我国的启示 [D]. 长沙：湖南师范大学，2010.

杜兴艳，王小增，陈素萍 . 大学生职业规划教育对就业稳定性的影响研究：以某校毕业生麦可思调查数据为例 [J]. 北京航空航天大学学报（社会科学版），2021（5）：134–138.

范国睿，王加强 . 当代西方教育生态问题研究新进展 [J]. 全球教育展望，2007（9）：39–45.

方伟 . 学习贯彻习近平总书记立德树人重要论述，构建更高水平的大学生职业生涯发展教育体系 [J]. 中国大学生就业，2021（12）：4-6.

冯英华，张兵. 地方本科院校协同育人现状与对策研究：以常州工学院为例 [J]. 常州工学院学报，2020（1）：74-80.

甘秋玲，白新文，刘坚，等. 创新素养：21 世纪核心素养 5C 模型之三 [J]. 华东师范大学学报（教育科学版），2020（2）：57-70.

韩刚. 师范生职业发展教育与生涯发展指导能力的协调培养 [J]. 生涯发展教育研究，2020（4）：58-63.

韩庆祥. 现实逻辑中的人 [M]. 北京：北京师范大学出版社，2018.

胡彬. 加拿大青年就业政策及对我国的启示 [J]. 青年探索，2015（4）：61-65.

胡卫锋，庞青山. 学科融合：大学跨越式发展的重要途径 [J]. 煤炭高等教育，2004（4）：42-44.

金树人. 生涯咨询与辅导 [M]. 北京：高等教育出版社，2007.

康翠萍，徐冠兴，魏锐，等. 沟通素养：21 世纪核心素养 5C 模型之四 [J]. 华东师范大学学报（教育科学版），2020（2）：71-82.

李婵. 浅析思想政治教育在大学生职业生涯规划中的功能 [J]. 青年文学家，2011（20）：183-184.

李凤. 地方应用型本科高校产教融合：困境、机理、方向 [J]. 中国高等教育，2020（9）：57-59.

李凤. 正确处理学科竞赛九大关系：基于浙江省学科竞赛的推进模式与成功实践 [J]. 浙江万里学院学报，2018（3）：84-87.

李晶. 日本高校职业生涯教育模式研究 [J]. 教育评论，2013（2）：159-161.

李茂平. 大学生职业生涯规划课程教学改革探究：以丽水学院为例 [J]. 湖北函授大学学报，2016（6）：120-121.

李燕飞. 论融合式教学法在双语教学中的应用 [J]. 科学与财富，2011（5）：163-164.

梁玉国，李昌凯，李秋华.协同育人视域下应用型高校实践教学的现实困境与破解路径：基于 30 所应用型高校的调查分析 [J].中国高校科技，2021（11）：79–83.

林崇德.中国学生发展核心素养：深入回答"立什么德、树什么人"[J].人民教育，2016（19）：14–16.

林健，王煦樟.特色办学成就一流大学：以滑铁卢大学为例 [J].中国高教研究，2018（4）：22–28.

林文伟.创业教育价值意蕴探析 [J].思想理论教育，2015（12）：90–94.

林毓锜.德国大学生的学习和学习指导系统介评 [J].机械工业高教研究，1995（2）：83–87.

凌淼，董甜甜，田国梅，等.无边界职业生涯背景下胜任力模型构建与应用研究 [M].成都：四川大学出版社，2018.

刘光，等.新中国高等教育大事记 [M].长春：东北师范大学出版社，1990.

刘和忠.德国大学生就业服务体系及启示 [J].外国教育研究，2001（5）：42–45.

刘天法.基于毕业生质量跟踪深度调查的学生职业发展教育优化 [J].生涯发展教育研究，2020（4）：31–34.

刘妍，马小英，刘坚，等.文化理解与传承素养：21 世纪核心素养 5C 模型之一 [J].华师范大学学报（教育科学版），2020（2）：29–44.

刘玉菡.德国应用科技大学创建发展、办学特色及其启示 [D].石家庄：河北科技大学，2015.

刘玉婷.加拿大"学校—就业过渡"政策的背景及内容 [J].教育论丛，2011（1）：22–24.

罗义文，赵玉芳.大学生生涯辅导体系构建探讨 [J].科学咨询（决策管理），2008（9）：91–92.

吕显然 . 日本职业生涯教育研究及启示 [D]. 青岛：青岛大学，2014.

马克思恩格斯全集（第 23 卷）[M]. 北京：人民出版社，1972.

马利红，魏锐，刘坚，等 . 审辨思维：21 世纪核心素养 5C 模型之二 [J].
华东师范大学学报（教育科学版），2020（2）：45–56.

梅宪宾 . 大学生职业生涯规划存在的问题及对策分析 [J]. 教育与职业，
2011（15）：92–93.

苗圩 . 弘扬工匠精神 打造中国制造新名片 [J]. 中国经贸导刊，2016（28）：
6–8.

彭聃龄 . 普通心理学 [M]. 北京：北京师范大学出版社，2008.

让 · 皮亚杰 . 发生认识论原理 [M]. 王宪钿，等译 . 北京：商务印书馆，
1985.

尚军，罗建奇 . 以滑铁卢大学为例谈加拿大的产学合作教育及启示 [J]. 教
育与职业，2011（12）：100–101.

施永川 . 我国高校创业教育十年发展历程研究 [J]. 中国高教研究，2013
（4）：69–73.

侍雪 . 大学生群像变迁 [J]. 中国大学生就业，2011（4）：18–21.

田潇 . 日本职业生涯教育研究 [D]. 天津：天津大学，2012.

王定华，王名扬 . 中国共产党领导高等教育百年的发展脉络、历史经验与
未来走向 [J]. 中国高教研究，2021（6）：1–8.

王国辉 . 日本大学从就业指导向职业生涯教育转型探析 [J]. 教育科学，
2009（6）：82–88.

王汉定，刘芝平 . 铺就创新型人才培养的特色之路 [J]. 江西教育（管理
版），2018（5）：20–21.

王惠燕，卢峰 . 美国生涯辅导行业协会研究：以美国辅导协会及其分支协
会为例 [J]. 比较教育研究，2011（2）：50–54.

王路炯 . 加拿大产学合作教育的实践及其启示 [J]. 大学教育科学，2021

（2）：109-117.

王欣.创新型大学的制度与文化保障：以滑铁卢大学为例 [J].苏州大学学报（教育科学版），2015（2）：111-115.

王亚.美国大学生 EPSA 职业生涯规划辅导模式研究 [D].南充：西华师范大学，2019.

王占仁."广谱式"创新创业教育的体系架构与理论价值 [J].教育研究，2015（5）：56-63.

魏泽，万正维，钟基玉.中国大陆地区小学生涯教育现状分析与对策建议 [J].教育与教学研究，2013（12）：12-14，17.

文军，刘琼，李立.大学生职业生涯与发展规划 [M].成都：电子科技大学出版社，2019.

邬志辉.教育全球化：中国的视点与问题 [M].上海：华东师范大学出版社，2004.

吴国强.大学生职业通用能力测量及与就业绩效的关系研究 [D].上海：复旦大学，2009.

吴昊.大学生职业生涯规划中的思想政治教育研究 [D].长春：吉林农业大学，2017.

吴秀霞.我国大学生职业生涯规划教育发展历程与趋向 [J].理工高教研究，2008（4）：86-89.

夏传芹.劳动幸福观培养的三个维度：以农业试验站平台的中学生劳动实践课为例 [J].安徽教育科研，2021（11）：6-7，14.

邢朝霞.构建关键行业人才"招生—培养—就业"一体化输送体系 [J].生涯发展教育研究，2020（4）：8-12.

徐冠兴，魏锐，刘坚，等.合作素养：21 世纪核心素养 5C 模型之五 [J].华东师范大学学报（教育科学版），2020（2）83-96.

雅斯贝尔斯.什么是教育 [M].邹进，译.北京：生活·读书·新知三联书店，

1991.

杨敬文 . 通过融合重塑关系和创新服务 [J]. 新闻前哨, 2018（10）: 21.

杨明浩 . 德国高校学业指导研究: 以蒂宾根大学为例 [D]. 南京: 南京大学, 2018.

杨伟国, 王飞 . 大学生就业: 国外促进政策及对中国的借鉴 [J]. 中国人口科学, 2004（4）: 67–73, 82.

杨燕燕 . 加拿大安大略省中学《职业生涯教育与指导》课程述评 [J]. 比较教育研究, 2005（12）: 73–77.

叶迎 . 大学生职业生涯教育在高等教育体系中的地位 [J]. 教育研究与实验, 2009（S1）: 48–50.

尹冬梅 . 用劳动教育新要求指引高校实践育人 [J]. 中国高等教育, 2021（5）: 27–29.

尹宁伟 . 德国应用科技大学实践教学模式及其启示 [J]. 煤炭高等教育, 2012（1）: 65–68.

袁振国 . 走向 2030 年的教育 [N]. 中国教育报, 2017–10–18.

詹鑫 . 农村高中生涯规划教育如何系统化、常态化实施？[J]. 中小学管理, 2019（6）: 46–48.

张冰洁 . 德国卡尔斯鲁厄应用科技大学课程体系研究 [D]. 石家庄: 河北师范大学, 2016.

张春兴 . 张氏心理学辞典 [M]. 台北: 东华书局, 1989.

张福喜 . 日本、加拿大高校毕业生就业指导考察报告 [J]. 河北职业技术学院学报（社会科学版）, 2003（3）: 6–11.

张海宁 . 德国应用技术大学办学对我国本科职业教育发展的启示: 以德国卡尔斯鲁厄应用技术大学为例 [J]. 中国职业技术教育, 2020（3）: 49–53.

张岚, 赵芳 . Co-op 项目对独立学院校企合作实践的启示 [J]. 中国商论,

2016（27）：175–176.

张秋梅 . 中日高校职业生涯教育途径比较研究 [D]. 延吉：延边大学，2019.

张天华，柴伟强 . 大学生职业价值观培育的对策探析 [J]. 辽宁工业大学学
报（社会科学版），2020（3）：93–96.

张伟远 . 加拿大普通中学职业指导见闻 [J]. 教育与职业，1987（3）：10–12.

张宇，王乃弋 . 德国开展职业生涯教育的经验及其对我国的启示 [J]. 中小
学心理健康教育，2021（19）：32–34.

赵志强 . 德国职业指导的新进展及其启示 [J]. 职业教育研究，2008（9）：
157–158.

郑金香 . 青年价值观的发展 [M]. 郑州：黄河水利出版社，2010.

郑玥 . 日本中小学职业生涯教育及其启示 [J]. 河南科技学院学报（社会科
学版），2010（10）：48–50.

中国大百科全书总编委员会 . 中国大百科全书 [M]. 北京：中国大百科全书
出版社，2009.

钟颖颀，盘家玮，陈溢钦 . EAP+ "朋辈" 心理咨询模式降低 90 后员工离
职率的模式创新研究 [J]. 中国商论，2021（9）：120–125.

周文霞，李硕钰，李梦宜，等 . 中国职业生涯管理研究回顾与展望：一项
基于文献（1978—2018）的研究 [J]. 南开管理评论，2020（4）：213–224.

后 记

　　犹记得 2012 年学院让我主讲"职业发展与规划"课程，心中忐忑不安，时任院长鼓励道："你有学务、教务的双向经验，尽管大胆提方案，我们有整个团队和你一起努力。"当时，我对职业生涯规划了解不深，仅有实践经验：曾带领学生开展模拟招聘活动、参加"职业体验与访问"活动。我所在的浙江万里学院，每年面向近 5000 名大学一年级学生开设"职业发展与规划"课程。大一新生学业目标的确立，直接影响四年的大学生涯；学生的职业生涯规划意识，将影响其一生的发展。因此，我深感责任重大。

　　办法总比困难多。我和团队成员一起查阅文献资料，了解兄弟院校的做法；和学务同事一起学习教育部办公厅 2007 年底印发的《大学生职业发展与就业指导课程教学要求》。在大家的共同努力下，"职业发展与规划"课程的教学大纲初步确定、教学方案初稿出炉。紧接着，我们挖掘有经验的教师，邀请其他高校的同行、企业的人力资源专员以及优秀校友进校园，确定主题、洽谈时间、策划方案，教学安排充实而丰富。我和团队成员还系统学习"创业与人生""大学生职业生涯规划"等尔雅课程，掌握了多元化的教学方式。从开展学生需求调研、学习满意度调查，到推出"线上学习＋线下讨论"学习方式、设置"职业测评＋职业解析"套餐，再到策划职业生涯规划大赛、创新创业大赛，师生在点滴中一同成长。其间，让有限的教学资源发挥最大的作用，拓展实践平台开展体验式教学，让生涯规划课程的任课老师、专业课程的任课教师、思想政治教育的任课老师紧密协作，使"成长跟踪式"职业生涯规划教育四年不断线，是我们孜孜以求的目标。

2022 年，我从事学生职业生涯规划教育正好十年，"十年磨一剑"，当初的"教学小白"已经能独当一面。激发学生的学习动力，让每一个学生都找到航行的方向，是教师的使命。我把这些年关于职业生涯规划教育的思考总结成书，勉励自己当好学生成长过程中的引路人。本书呈现的是浙江万里学院"以生为本"教学理念的探索，也是"只要有 1% 的希望就要尽 100% 努力"的万里精神的实践。

写作历时一年多，感谢团队成员的大力支持，犹记得在酷热的暑假大家一起"头脑风暴"；感谢挚友的倾囊相助，鼓励我一路前行；感谢家人的包容和理解，让我在工作之余能有整块的时间用于思考和写作。团队成员杨成亮、刘心一参与了本书的资料整理和第一章部分内容的撰写。限于学术水平，书中尚有不尽完善之处，敬请读者朋友批评指正。

方小芳

2023 年 3 月